Le ghosting : quand le silence devient une réponse

Harmonie J.

© 2025 Harmonie J.
Édition : BoD - Books on Demand,
31 avenue Saint-Rémy, 57600 Forbach,
bod@bod.fr
Impression : Libri Plureos GmbH,
Friedensallee 273, 22763 Hamburg
(Allemagne)
ISBN : 978-2-3226-1399-1
Dépôt légal : Mai 2025

Définition :

Le ghosting désigne le comportement d'une personne qui, soudainement, cesse toute communication avec une autre, sans explication, dans le cadre d'une relation, qu'elle soit amoureuse, amicale ou professionnelle. Cela inclut la coupure de tous les moyens de contact, comme les appels téléphoniques, les messages, les réseaux sociaux, sans préavis ni justification. Le ghosting laisse souvent la personne concernée dans l'incertitude, ce qui peut entraîner de la confusion, du rejet et un sentiment d'abandon.

Ce phénomène se distingue par l'absence totale de confrontation ou de communication explicite, et se produit généralement après une période d'échanges réguliers ou de connexion, ce qui rend la coupure encore plus brutale et incompréhensible pour la personne qui est "ghostée".

Le ghosting peut être vu comme un moyen d'éviter une conversation difficile ou de mettre fin à une relation sans confrontation directe, mais il peut avoir des conséquences émotionnelles profondes pour la personne laissée sans nouvelles.

Pourquoi ce livre ?

Le besoin de mettre des mots sur l'indicible.

Introduction :

Le ghosting, c'est ce silence brutal qui fait plus de bruit que mille mots. C'est ce message qui reste sans réponse, ce regard qui se détourne sans explication, cette disparition soudaine de quelqu'un qui, la veille encore, semblait présent, impliqué, parfois même amoureux. C'est une fracture invisible qui laisse l'autre suspendu à un point d'interrogation.

Être ghosté, c'est vivre une forme de rejet qui ne dit pas son nom. C'est chercher des raisons, s'accuser soi-même, passer en revue chaque mot, chaque geste, jusqu'à l'obsession. C'est une violence sourde, passive, mais terriblement impactante. Car ce qui fait mal, ce n'est pas seulement le départ. C'est l'absence de fermeture, de clarté, de respect.

Celui qui ghoste pense souvent éviter le conflit, ménager l'autre ou se protéger lui-même. Mais il oublie que disparaître sans explication n'épargne pas, cela prolonge la douleur. Le ghosting n'est pas une solution douce, c'est une fuite, une forme de lâcheté émotionnelle déguisée en silence.

Alors, comment se relever après avoir été ghosté ? En comprenant que ce silence ne parle pas de ta valeur, mais des limites de l'autre. En te rappelant que tu mérites des mots, des vérités, même si elles sont inconfortables. En te reconnectant à toi, à ta dignité, à ta propre voix.

Parce qu'on ne contrôle pas le comportement de l'autre. Mais on peut choisir de ne plus laisser son absence définir notre présence.

"Quand le silence fait mal : comprendre et guérir du ghosting"

Chapitre 1 : Le choc du silence

C'est d'abord une absence de message. Un petit décalage dans l'habitude. Tu regardes ton téléphone une fois, deux fois, vingt fois. Peut-être qu'il ou elle est occupé(e). Tu justifies. Tu patientes. Tu fais ce que tant d'autres ont fait avant toi : tu espères.

Puis l'absence devient plus lourde. Une journée passe. Deux. Une semaine. Et soudain, ce n'est plus un simple contretemps. C'est un mur. Froid, invisible, mais bien réel. Une coupure nette dans le fil de la relation. Tu viens de te faire ghoster.

Le choc du silence est souvent plus violent qu'on ne l'imagine. Parce qu'il est sournois. Il ne claque pas comme une porte qu'on voit se refermer. Il s'insinue, lentement, jusqu'à tout envahir. On ne comprend pas. On doute de ce qu'on a vécu. Était-ce réel ? Est-ce que j'ai mal interprété ? Pourquoi ne dit-il/elle rien ?

Ce premier choc, c'est l'incompréhension. Un vide brutal. Ton esprit cherche une explication logique. Ton cœur, lui, vacille. Parce qu'en disparaissant sans un mot, l'autre te dérobe quelque chose de précieux : ta capacité à comprendre et à faire le deuil.

On ne sait pas toujours comment réagir. On veut écrire, supplier parfois, demander des comptes.

Mais le silence persiste, et il devient une réponse en soi. Terriblement violente. Ce n'est pas un "non", ce n'est pas un "je ne t'aime plus", ce n'est pas un "je ne veux plus te parler". C'est rien. Rien du tout. Et ce rien fait un mal fou.

Le ghosting crée un choc émotionnel comparable à une perte brutale. Comme une disparition. Mais une disparition sans mort, sans explication, sans rituel. Et c'est ce flou, cette absence de fin claire, qui empêche d'avancer.

Dans ce moment, on se sent seul(e), parfois même ridicule. Comment parler d'une rupture dont personne ne veut reconnaître la réalité ? Comment exprimer une douleur que le monde banalise ? "C'est pas grave, passe à autre chose." Mais si, c'est grave. Parce qu'on ne se remet pas de ce qu'on ne comprend pas.

Le premier pas pour guérir, c'est de reconnaître le choc. De l'accueillir. De lui donner le droit d'exister. Ce silence n'est pas anodin. Il n'est pas ta faute. Et il n'efface en rien la valeur de ce que tu as ressenti.

Tu as le droit d'avoir mal. Tu as le droit d'être perdu(e). Et tu as surtout le droit de commencer à te reconstruire, pas à pas, à ton rythme.

Chapitre 2 : L'obsession de comprendre

Quand l'autre disparaît, il ne laisse pas seulement un vide dans ton quotidien. Il laisse un labyrinthe. Un enchevêtrement de pensées, de suppositions, de souvenirs à double tranchant. Et dans ce labyrinthe, tu cherches. Inlassablement. Des signes, des incohérences, des raisons. Tu cherches à comprendre.

C'est une obsession qui naît du vide. Car le cerveau déteste les zones d'ombre. Il veut une logique, une cause, une fin. Et face au silence, il s'emballe. Il rejoue chaque moment, décortique chaque phrase, analyse chaque silence précédent pour tenter de voir ce qu'il a raté. Où ai-je dit quelque chose de mal ? Était-ce ce message resté sans réponse ? Est-ce que j'ai été trop présent(e) ? Pas assez ? Trop moi-même ?

Tu passes du doute à la culpabilité. Tu te remets en question à l'excès. Tu revis les souvenirs sous un jour nouveau, comme s'ils étaient faux, comme s'ils avaient toujours contenu les indices d'un abandon programmé. C'est insoutenable, et pourtant tu continues. Parce que tu crois encore, au fond, qu'une explication pourrait apaiser la douleur.

Mais le problème avec le ghosting, c'est qu'il ne laisse rien de concret à analyser. Et cette absence de repère ouvre la porte à toutes les interprétations, surtout les plus cruelles envers toi-même. Parce que tu veux croire qu'en comprenant, tu pourras tourner la page. Que la logique soulagera l'émotion. Mais ce n'est pas toujours le cas.

La vérité, c'est que parfois, il n'y a rien à comprendre. Pas parce que tu ne vaux pas qu'on t'explique, mais parce que l'autre ne sait pas communiquer. Parce que l'autre fuit. Parce que l'autre projette sur toi ses propres peurs, sans avoir la maturité de les assumer. Et ce comportement, aussi lâche soit-il, ne te définit pas.

Comprendre est un besoin humain légitime. Mais il ne faut pas qu'il devienne une prison mentale. Car à force de chercher des réponses chez l'autre, tu t'éloignes de la seule vérité qui compte : tu mérites mieux que le silence. Tu mérites quelqu'un qui te parle, qui te respecte, qui ait le courage d'être honnête même dans l'inconfort.

C'est un tournant délicat dans la guérison : lâcher le besoin de comprendre l'autre pour commencer à te comprendre toi. Pourquoi cela t'a tant bouleversé(e) ? Quelles blessures cela a réveillées en toi ? Et surtout, qu'est-ce que tu veux aujourd'hui pour toi ?

Lorsque tu te poses ces questions-là, tu reprends doucement le fil de ton histoire. Tu ne tournes pas la page en l'oubliant, tu la tournes en choisissant de ne plus rester bloqué(e) dans un récit qui t'abandonne au milieu.

Chapitre 3 : L'égo blessé et le sentiment de rejet

Le ghosting ne brise pas seulement le lien avec l'autre. Il bouscule profondément l'image que l'on a de soi. Quand une personne choisit de disparaître sans un mot, sans confrontation, sans au revoir, le message perçu — même s'il est faux — est brutal : "Tu ne mérites pas d'explication." Et cela, l'égo ne le digère pas.

Ce n'est pas seulement une douleur affective. C'est une atteinte à ton sentiment de valeur. Une blessure de rejet qui vient réveiller des failles anciennes, parfois enfouies. Tu te demandes : Qu'est-ce que j'ai fait de mal ? Pourquoi moi ?

Pourquoi comme ça ? Et très vite, ces questions cessent de concerner la situation pour se retourner contre toi.

Le ghosting déclenche souvent une spirale d'auto-dévalorisation. Tu te sens "pas assez" — pas assez intéressant(e), pas assez désirable, pas assez bien. Ou bien "trop" — trop présent(e), trop sensible, trop attaché(e). Tu te remets en question jusqu'à croire que tu es fondamentalement défectueux(se).

Mais ce sentiment de rejet, aussi réel soit-il, n'est pas la vérité. C'est une projection. Une émotion intense née d'un abandon, pas une preuve de ton manque de valeur. Le ghosting dit quelque chose de la personne qui part, pas de celle qui reste.

Et pourtant, cette blessure d'égo est bien là. Elle saigne. Elle pique dans l'orgueil. Parce que ce n'est pas juste d'être traité(e) comme si on ne comptait pas. Parce que tu t'étais ouvert(e), vulnérable. Parce que tu pensais mériter au moins un mot, un adieu, une phrase claire. Et tu avais raison de le penser.

Reconnaître cette blessure d'égo, c'est essentiel. Non pas pour t'y enfermer, mais pour ne pas la nier. Tu as le droit d'avoir mal. Tu as le droit d'être en colère. Et tu as surtout le droit de ne pas tirer de cette situation une conclusion sur ta valeur.

L'égo blessé cherche à être rassuré. Il veut que la personne revienne, qu'elle s'excuse, qu'elle avoue avoir eu tort. Mais souvent, cela n'arrive pas. Et c'est là qu'intervient une étape fondamentale : apprendre à se valider soi-même. Ne plus attendre la réparation extérieure pour apaiser la douleur intérieure.

Tu n'es pas moins digne d'amour parce que quelqu'un n'a pas su t'en donner. Tu n'es pas moins intéressant(e) parce que quelqu'un n'a pas su voir ta richesse. Et tu n'es pas moins important(e) parce que quelqu'un a choisi de se taire au lieu de te parler.

Le ghosting te fait douter de toi. Mais tu peux, chaque jour, choisir de te rappeler que ta valeur ne dépend pas de celui ou celle qui t'a fui. Elle réside en toi, intacte, même si elle a été ébranlée.

Chapitre 4 : Les raisons du ghosting

Quand on vit un ghosting, la première question qui nous hante est souvent : Pourquoi ? Pourquoi a-t-il ou elle choisi de disparaître ? Pourquoi sans rien dire ? Pourquoi me faire ça à moi ? Ce besoin de sens est humain. On veut comprendre pour pouvoir avancer. Mais le plus difficile, c'est que bien souvent, on ne reçoit aucune réponse.

Alors on cherche. Et à défaut d'explication, on se l'invente. On imagine les pires scénarios. On se blâme. Et pourtant, les raisons du ghosting ne résident pas dans ce que tu es, mais dans ce que l'autre n'a pas su gérer, affronter ou exprimer.

Voici les raisons les plus courantes du ghosting — non pas pour les excuser, mais pour mieux comprendre ce qui pousse quelqu'un à fuir au lieu de parler :

1. La peur de la confrontation

Certaines personnes détestent l'inconfort émotionnel. Elles préfèrent disparaître plutôt que de devoir dire quelque chose qui pourrait blesser, décevoir ou déclencher une réaction. Elles fuient la discussion parce qu'elles ne savent pas gérer les émotions - ni les leurs, ni celles des autres.

2. Le manque de maturité émotionnelle

Le ghosting est souvent un signe d'immaturité. Il reflète une incapacité à prendre ses responsabilités relationnelles. C'est plus facile de s'éclipser que d'assumer ses choix, ses limites, ou même ses sentiments confus.

3. Le désintérêt ou l'ambivalence

Il ou elle n'était peut-être pas aussi impliqué(e) que toi. Et au lieu d'admettre un désintérêt ou une baisse d'intérêt, la personne choisit de s'évaporer, croyant que "ça passera" ou que "tu comprendras tout(e) seul(e)".

4. Le ghosting stratégique (ou manipulateur)

Certaines personnes utilisent le ghosting comme une forme de contrôle : disparaître pour tester l'autre, le faire courir, maintenir une emprise émotionnelle. On parle alors de comportements toxiques, parfois narcissiques. Le silence devient un outil de pouvoir.

5. La projection de leurs propres blessures

Il arrive que le ghosteur agisse ainsi parce qu'il ou elle a été blessé(e) dans le passé. Il ou elle anticipe la douleur, la trahison, l'abandon — et préfère fuir avant d'être blessé(e). C'est un mécanisme d'auto-défense, souvent inconscient.

6. Ils ne savent pas ce qu'ils veulent

Certaines personnes entrent dans une relation sans savoir où elles vont. Elles sont là, puis plus là. Elles avancent par impulsion, reculent par peur, disparaissent sans explication. Ce flou, cette instabilité intérieure, elles te l'infligent sans même toujours en avoir conscience.

Tu le vois : rien de tout cela ne parle de toi. Ces raisons sont liées à eux, à leurs limites, à leurs peurs, à leur confusion. Tu aurais pu être quelqu'un d'autre — cela n'aurait rien changé. Et c'est peut-être la chose la plus difficile à accepter : ce n'est pas toi le problème.

Cela ne veut pas dire que la relation n'a pas compté. Cela veut simplement dire que tu faisais face à quelqu'un incapable de la vivre jusqu'au bout avec respect et honnêteté.

Comprendre les raisons possibles du ghosting ne fait pas disparaître la douleur, mais cela permet de déplacer le poids : de tes épaules aux leurs. Ce n'est pas une excuse, c'est une mise en lumière. Parce que parfois, la seule réponse qu'on peut obtenir, c'est : ce n'était pas à cause de moi.

Chapitre 5 : Les séquelles invisibles

Le ghosting ne laisse pas seulement un vide ; il laisse une empreinte invisible, plus difficile à guérir. Ces séquelles ne se voient pas à l'extérieur, mais elles existent dans chaque recoin de l'esprit et du cœur. Elles se cachent dans les réflexes que tu prends au fil du temps, dans la manière dont tu abordes les nouvelles relations, et dans les doutes persistants qui ressurgissent sans crier gare.

1. L'anxiété d'abandon

Le ghosting peut raviver des blessures profondes liées à l'abandon. Une fois qu'une personne disparaît sans explication, cette peur que l'on ait de se retrouver seul(e) envahit tout l'être. Le doute se fait envahissant : "Et si l'histoire se répétait ?" "Et si je suis destiné(e) à être laissé(e) pour toujours ?" Cette anxiété ne se dissipe pas simplement en passant à autre chose ; elle s'installe, un peu plus chaque jour, formant une couche de crainte sous chaque interaction nouvelle.

2. La perte de confiance en soi

Un des effets les plus subtils du ghosting est la manière dont il érode la confiance en soi. Quand quelqu'un disparaît sans explication, il est difficile de ne pas se poser des questions : "Ai-je fait quelque chose de mal ?" "Est-ce moi qui ne suis pas assez bien ?" Ces doutes se propagent, fragilisant l'estime de soi. On se sent comme si l'on avait été choisi(e), puis soudainement rejeté(e), et ce rejet n'est pas toujours facile à digérer.

3. La méfiance envers les autres

Le ghosting brise la confiance dans les relations humaines. Après une telle expérience, il est difficile de s'engager pleinement. Chaque geste, chaque parole, devient suspecte. Tu deviens plus vigilant(e), presque paranoïaque, et tu cherches les signes avant-coureurs de la fuite. Mais cette méfiance, si elle n'est pas gérée, peut t'éloigner des autres. Elle transforme la confiance en une arme à double tranchant.

4. Les attentes déformées

Après avoir été ghosté(e), il est facile de commencer à croire que tout le monde va te faire la même chose. Ce n'est pas une réalité, mais une projection de la peur. Tu attends inconsciemment que les gens partent avant même qu'ils ne le fassent, te préparant à une nouvelle disparition. Ces attentes déformées nuisent à ta capacité à vivre pleinement le présent, en te concentrant sur des scénarios possibles mais non réels.

5. Le sentiment d'être "remplaçable"

Peut-être est-ce le plus grand mal du ghosting : l'impression de ne pas avoir de valeur, de n'être qu'un remplacement temporaire. Quand quelqu'un disparaît sans raison apparente, c'est comme si tu devenais une option parmi d'autres, facilement oubliée, remplacée sans effort. Cette perception fait naître un sentiment de "banalité", comme si la relation n'avait pas eu de véritable importance pour l'autre.

6. L'isolement émotionnel

Enfin, le ghosting t'isole, même lorsque tu n'es pas seul(e). Tu peux te sentir incompris(e), comme si personne ne pouvait réellement comprendre la souffrance que tu traverses. Parce que le ghosting est souvent banalisé, il devient difficile d'en parler. Tu as l'impression de te battre contre des spectres invisibles, et le silence autour de toi amplifie cette solitude.

Ces séquelles invisibles ne sont pas faciles à repérer. Elles se manifestent dans tes habitudes, tes réflexes, et parfois dans tes pensées les plus intimes. Mais elles ne sont pas une fatalité. Elles peuvent guérir, petit à petit, avec du temps et du travail sur soi.

La clé réside dans la reconnaissance. Accepter que ces blessures existent, sans se juger pour les ressentir, est la première étape vers la guérison. Ensuite, il faut remettre de l'amour et de la confiance en soi, reconstruire une image positive de soi-même et des relations, et laisser le temps effacer les marques de cette expérience.

Les séquelles invisibles du ghosting peuvent être lourdes à porter, mais elles ne doivent pas définir ton futur. Elles font partie d'un chemin, d'un processus de croissance, où chaque pas te rapproche de la paix intérieure et de relations plus authentiques et saines.

Chapitre 6 : Reprendre le pouvoir émotionnel

Après avoir vécu un ghosting, une des choses les plus difficiles à retrouver est le contrôle sur ses propres émotions. Quand quelqu'un disparaît sans explication, c'est comme si une partie de toi s'échappait avec lui ou elle. Il y a ce sentiment de perte, cette impuissance face à l'incompréhension. Mais au fond, ce n'est pas tant l'autre que tu dois retrouver. C'est toi-même.

Reprendre le pouvoir émotionnel, c'est décider de ne plus laisser quelqu'un d'autre gouverner ton état intérieur. Cela ne signifie pas ignorer la douleur ou l'injustice du ghosting, mais plutôt choisir de ne pas laisser cette expérience définir ta vie, ta confiance ou tes futures relations.

1. Reconnaître la douleur, mais ne pas y rester

La première étape pour reprendre le pouvoir émotionnel, c'est de permettre à la douleur d'exister sans qu'elle prenne le contrôle. Il est normal d'avoir mal, d'être frustré(e), déçu(e), et même en colère. Ces émotions sont légitimes. Mais ne laisse pas ces émotions devenir ton identité. Tu n'es pas cette douleur. C'est une expérience que tu traverses, et non une définition de qui tu es.

Lorsque tu acceptes cette souffrance sans y résider, tu

crées un espace pour la guérison. Tu choisis de te donner l'opportunité de rebondir, d'apprendre, et de grandir à travers cette épreuve.

2. Reprendre ton espace émotionnel

Les ghosteurs ont cette capacité de prendre de l'espace dans ton esprit, de façon disproportionnée. Tu penses à eux, à ce qu'ils pourraient penser ou ressentir, et à ce qui n'a pas fonctionné. Mais ce pouvoir qu'ils ont sur toi, c'est toi qui le leur donnes. Leur silence, leurs actions — ou leur absence d'actions — ne doivent pas occuper ton esprit tout le temps.

Prendre le pouvoir émotionnel, c'est redonner de l'espace à toi-même. C'est choisir de ne plus se laisser submerger par des pensées obsessionnelles, de reprendre tes priorités, tes rêves, tes passions. Chaque minute consacrée à leur absence est une minute volée à ta propre vie.

3. Revenir à soi : la pleine responsabilité émotionnelle

Prendre le pouvoir émotionnel, c'est aussi arrêter de chercher la solution à l'extérieur. Le ghosting peut faire naître l'envie de recevoir des excuses, de comprendre ce qui s'est passé, de trouver une réponse dans l'autre. Mais, dans bien des cas, tu risques de rester dans une quête qui ne t'apportera rien.

La responsabilité émotionnelle consiste à se rendre compte que la guérison et la paix intérieure viennent de toi. Personne d'autre ne peut "réparer" ce que tu ressens. Cela ne signifie pas qu'on ne cherche pas de soutien, mais cela veut dire que tu es la personne qui a le plus grand pouvoir sur tes émotions. C'est toi qui choisis ce que tu fais de cette expérience.

4. Revoir la relation avec la confiance

Pour reprendre le pouvoir émotionnel, tu dois revoir ta relation avec la confiance. Peut-être qu'après un ghosting, tu te sens trahi(e), et que la confiance devient quelque chose d'abstrait, difficile à accorder. Pourtant, pour avancer, il est essentiel de reconstruire cette confiance, d'abord en toi, puis en d'autres.

Cela peut commencer par de petites étapes : accorder à ton intuition plus de crédit, savoir ce que tu veux vraiment dans une relation, et te rappeler que, même si certaines personnes ne sont pas dignes de ta confiance, d'autres le seront. La confiance est une ressource précieuse, mais elle doit toujours être protégée. Lorsque tu la donnes, elle doit être donnée à ceux qui la méritent, pas à ceux qui choisissent de s'éclipser sans explication.

5. Mettre en place des frontières saines

Reprendre ton pouvoir émotionnel, c'est aussi savoir poser des limites claires pour protéger ton bien-être. Après un ghosting, il peut être tentant de revenir vers la personne, de rechercher une explication ou, pire encore, de chercher à obtenir une forme de validation de la part de celui ou celle qui t'a laissé(e) tomber. Mais cela ne fera qu'entretenir la douleur.

Mettre en place des frontières, c'est choisir de ne pas laisser quelqu'un te manipuler ou te faire douter de toi. C'est aussi respecter tes propres besoins émotionnels, même si cela signifie parfois couper des ponts définitivement. Ces frontières ne sont pas des murs, mais des murs sains, des espaces où tu peux te protéger tout en permettant aux bonnes personnes d'entrer.

6. Construire un futur émotionnellement libre

Reprendre le pouvoir émotionnel, c'est aussi tourner la page et construire un futur où tu n'es plus prisonnier de l'expérience passée. Chaque jour, tu as la possibilité de recommencer. Cela ne signifie pas oublier, mais transformer cette expérience en un levier pour ta propre évolution. En choisissant de te concentrer sur ce qui te rend heureux(se), sur tes passions, tes objectifs, tu redonnes à ta vie la direction qu'elle mérite.

Ce pouvoir est à ta portée. La guérison est un chemin qui demande du temps, mais chaque pas que tu fais te rapproche d'un état de paix intérieure où tu ne seras plus défini(e) par le ghosting, mais par la force que tu as développée en le surmontant.

Chapitre 7 : Se reconstruire après un ghosting

Le ghosting laisse des traces profondes, mais la bonne nouvelle, c'est que tu peux te reconstruire. Ce processus de guérison n'est ni rapide ni linéaire, mais il est possible. Il demande du temps, de l'introspection, et surtout de la bienveillance envers soi-même. La clé pour se reconstruire après un ghosting est de se rappeler que ce n'est pas la fin, mais simplement une épreuve parmi tant d'autres sur ton chemin.

1. Accepter la réalité de la situation

La reconstruction commence par l'acceptation. Accepter que l'autre t'a laissé(e) sans explication, accepter que tu n'auras peut-être jamais de réponses, accepter que l'histoire n'a pas pris la tournure que tu avais espérée. Cela ne signifie pas que c'est facile, ni que cela ne fait pas mal, mais c'est nécessaire pour tourner la page. Accepter cette réalité, c'est commencer à libérer l'espace mental que tu occupais à ressasser les événements, pour le remplir de nouvelles perspectives.

Le ghosting peut être vu comme une forme de rejet, mais il est important de comprendre que ce rejet n'est pas une évaluation de ta valeur. C'est une décision d'un autre, et non un verdict sur qui tu es. Reconnaître cela est un premier pas pour commencer à te reconstruire.

2. Reprendre le contrôle de ton histoire

Après un ghosting, il est facile de se sentir comme une victime, comme si la situation t'avait échappé. Pourtant, se reconstruire, c'est reprendre le contrôle de ton histoire. Cette expérience fait partie de ton passé, mais elle ne doit pas dicter ton futur. Reprendre ton pouvoir, c'est décider que tu ne seras pas défini(e) par ce que quelqu'un d'autre a choisi de faire. Tu choisis qui tu veux être, ce que tu veux ressentir, et comment tu veux avancer.

Une fois que tu as accepté la réalité, l'étape suivante est de raconter ta propre version de l'histoire. C'est toi qui choisis comment cette expérience s'intègre dans ton parcours de vie. Ne laisse pas cette histoire rester un souvenir de douleur ; fais-en un point de départ pour ta croissance personnelle.

3. Cultiver la bienveillance envers soi-même

Se reconstruire après un ghosting implique un travail d'amour envers soi-même. C'est se pardonner pour les moments où tu t'es blâmé(e), pour les pensées négatives ou pour la manière dont tu t'es laissé(e) emporter par l'auto-jugement. Ce n'est pas de ta faute si quelqu'un a disparu sans explication. Ce n'est pas un signe de faiblesse ou d'infériorité. C'est une action qui t'a été imposée par l'autre, et non par toi.

La bienveillance envers soi-même, c'est apprendre à se traiter avec douceur, même dans les moments difficiles. C'est comprendre que la douleur fait partie de la vie, mais qu'elle ne doit pas te rendre amer ou renfermé(e). Lâcher prise sur la culpabilité et les regrets est essentiel pour se reconstruire.

4. Se donner le temps de guérir

La guérison ne se fait pas du jour au lendemain. Après un ghosting, il est normal de ressentir un tourbillon d'émotions : colère, tristesse, confusion, voire culpabilité. Il est important de s'accorder le temps nécessaire pour digérer cette expérience. Ne sois pas pressé(e) de "passer à autre chose". La reconstruction, c'est un processus qui se fait petit à petit, à ton rythme. Et chaque petit pas compte.

L'un des aspects les plus puissants de cette guérison est d'accepter que certaines émotions persisteront. Ce n'est pas parce que tu as décidé de te reconstruire que tout disparaît instantanément. Mais plus tu acceptes ces émotions sans jugement, plus elles s'estomperont naturellement.

5. Se reconnecter à soi-même

Après un ghosting, il est facile de se perdre dans les besoins et les attentes des autres. Se reconstruire, c'est aussi se reconnecter à toi-même, à ce que tu veux vraiment, à ce qui te rend heureux(se). C'est un retour à soi, loin des faux-semblants, des attentes imposées par l'autre ou par la société. C'est redécouvrir tes passions, tes envies, tes projets, et rétablir un équilibre intérieur.

Cette période peut être l'occasion de te recentrer sur ce qui est vraiment important pour toi, loin de la dépendance émotionnelle. C'est dans ce processus que tu découvriras, petit à petit, la force que tu as en toi. Cette force est plus grande que le ghosting. C'est celle qui te permet de rebondir.

6. Réapprendre à faire confiance

Une fois que tu as trouvé ton équilibre intérieur, il est temps de réapprendre à faire confiance. La confiance ne se rétablit pas en un instant, et elle doit d'abord commencer par toi. Reprendre confiance en soi, c'est croire en ta capacité à guérir, à te relever, à faire face aux défis.

Ensuite, il est possible de reconstruire la confiance dans les relations, une étape à la fois. Cela ne veut pas dire ignorer les signes d'alerte ou faire confiance aveuglément, mais plutôt être prêt(e) à laisser entrer de nouvelles personnes dans ta vie, avec discernement. Chaque nouvelle relation est une occasion de reconstruire cette confiance, en toi et en l'autre.

7. Mettre en place de nouvelles habitudes relationnelles

Enfin, se reconstruire après un ghosting, c'est aussi ajuster ta manière de t'engager dans de futures relations. Les épreuves que tu as traversées peuvent t'apprendre des leçons précieuses sur ce que tu attends et sur ce que tu mérites dans une relation. Il est important de ne pas projeter la peur du ghosting sur chaque personne que tu rencontres, mais d'être vigilant(e) et respectueux(se) de tes propres besoins émotionnels.

En cultivant des relations basées sur la transparence, la communication et la réciprocité, tu évites de tomber dans des schémas similaires à ceux du ghosting. Tu choisis des relations où chacun peut s'exprimer librement, sans craindre de disparaître dans le silence.

Se reconstruire après un ghosting est un voyage, pas une destination. C'est un chemin semé d'embûches, mais aussi d'opportunités pour grandir, apprendre à mieux te connaître et à t'entourer de personnes qui te respectent et te soutiennent.

Chaque étape de cette reconstruction est une victoire sur les séquelles invisibles du ghosting. Et un jour, tu regarderas en arrière et tu verras que cette épreuve ne t'a pas brisé(e), mais qu'elle t'a rendu(e) plus fort(e), plus sage, et plus apte à aimer de manière plus authentique.

Chapitre 8 : Les relations après le ghosting

Se reconstruire après un ghosting est une étape clé, mais ce n'est que le début d'un nouveau chapitre dans ta vie relationnelle. Lorsque tu t'engages à nouveau dans des relations après avoir vécu cette expérience, tu te retrouves face à une réalité complexe : comment aimer, faire confiance, et ouvrir ton cœur à quelqu'un, tout en gardant en tête les blessures du passé ? Les relations après un ghosting demandent un nouvel équilibre, une nouvelle manière de voir l'amour et les liens.

1. Réapprendre à aimer sans peur

Après un ghosting, il est normal d'avoir des doutes et des peurs concernant les relations futures. L'idée de se rendre vulnérable peut sembler effrayante, car la douleur de l'inattendu peut encore être présente. Cependant, pour véritablement avancer, il est essentiel de comprendre que l'amour ne doit pas être une source de peur. Aimer ne doit pas signifier accepter l'incertitude ou l'abandon. L'amour véritable est une expérience enrichissante qui repose sur la communication, l'honnêteté et la réciprocité.

Réapprendre à aimer après un ghosting, c'est d'abord comprendre que toutes les relations ne sont pas les mêmes, et que chaque partenaire mérite une chance, sans être jugé par les expériences passées. L'amour, dans sa forme la plus pure, doit pouvoir se vivre sans le fardeau du passé, tout en étant conscient des leçons qu'il nous a apprises.

2. Les attentes réalistes et saines

Après un ghosting, il est crucial de réévaluer tes attentes en matière de relations. L'important ici n'est pas de devenir cynique, mais de maintenir des attentes réalistes et saines. Il est naturel de vouloir des engagements réciproques, de la transparence et de l'attention, mais il est tout aussi essentiel de comprendre que personne n'est parfait. Dans toutes les relations, des malentendus, des erreurs et des imprévus peuvent survenir.

Ce n'est pas la présence de conflits ou de difficultés qui fait échouer une relation, mais la manière dont ces situations sont gérées. En établissant des attentes saines, tu t'assures que tes besoins sont respectés, mais aussi que tu restes ouvert(e) à la réalité des imperfections humaines.

3. Les signes d'une relation saine

Pour aller de l'avant, il est important de reconnaître les signes d'une relation saine. Une relation saine repose sur la communication ouverte, l'écoute active, le respect des besoins et des limites de chacun, ainsi qu'une gestion mature des conflits. Après un ghosting, il est primordial de rester vigilant(e) à ces éléments.

Les signes d'une relation saine incluent :

La communication constante et honnête : pas de silences prolongés ni de mystères. Les deux partenaires partagent leurs pensées, leurs sentiments et leurs préoccupations.

Le respect mutuel : les différences et les opinions divergentes sont respectées et comprises.

La réciprocité émotionnelle : les deux partenaires investissent dans la relation de manière équitable, en prenant soin des besoins émotionnels de l'autre.

Ces éléments permettent de construire une base solide pour toute relation future et d'éviter les pièges du ghosting.

4. Les peurs du rejet et de l'abandon

Même si tu t'es reconstruit(e) émotionnellement, les peurs du rejet et de l'abandon peuvent persister. Ces peurs, alimentées par le ghosting, peuvent interférer avec ta capacité à t'ouvrir à quelqu'un de nouveau. C'est ici que la guérison intérieure devient essentielle.

Pour avancer, tu dois comprendre que ces peurs ne doivent pas gouverner ta vie. Elles sont des résidus du passé, mais elles ne sont pas une vérité absolue. Les relations après un ghosting peuvent être un terrain d'apprentissage, où tu apprends à gérer tes peurs, à les reconnaître et à les dépasser. L'amour ne doit pas se faire sous la contrainte de la peur, mais dans la liberté et l'acceptation de l'autre tel qu'il est.

5. Les nouvelles relations, un terrain de confiance

Revenir dans une nouvelle relation après un ghosting exige une réévaluation de la confiance. Mais cette fois-ci, il s'agit de bâtir cette confiance lentement et de manière saine. Ne sois pas pressé(e). Prendre le temps d'observer les actions de l'autre, de voir si leurs comportements correspondent à leurs paroles, et d'écouter ton intuition est essentiel pour savoir si tu peux faire confiance à cette personne.

Un partenaire digne de confiance ne te laissera pas dans l'incertitude. Il ou elle s'efforcera de te rassurer et de bâtir progressivement un lien stable, honnête et respectueux. Ne t'empêche pas d'accorder ta confiance, mais fais-le prudemment, avec l'ouverture nécessaire pour être observateur(trice) et réfléchi(e).

6. Les relations numériques après un ghosting

Dans l'ère numérique, il est plus facile que jamais de tomber dans des pièges de communication flous ou erronés. Les messages non répondus, les silences sur les réseaux sociaux et les attentes contradictoires peuvent créer une confusion supplémentaire après un ghosting.

C'est pourquoi il est essentiel de communiquer clairement avec un nouveau partenaire dès le départ. Les malentendus doivent être évités en fixant des attentes claires. Demander à l'autre ce qu'il ou elle attend d'une relation et exprimer ses propres attentes sans crainte de jugement est un bon moyen de créer un terrain de jeu transparent et respectueux.

7. L'indépendance émotionnelle comme fondation

Enfin, la base de toute relation saine après un ghosting réside dans l'indépendance émotionnelle. Il est crucial de se rappeler que, même dans une relation amoureuse, ton bonheur ne dépend pas exclusivement de l'autre. Il faut continuer à nourrir ta propre vie, tes passions, tes projets personnels et ta croissance intérieure.

Cela te permet non seulement de rester épanoui(e) indépendamment de la relation, mais aussi d'entrer dans une relation future sans la pression de combler un vide. Une relation saine est fondée sur deux individus complets, non pas sur deux personnes cherchant à combler des lacunes émotionnelles.

Les relations après un ghosting peuvent sembler un défi, mais elles sont aussi une belle opportunité de grandir, d'évoluer et de découvrir de nouvelles façons de s'engager avec les autres. Elles demandent du temps, de la patience et une réévaluation de ce que tu attends de l'amour et des relations. En fin de compte, ce processus peut t'amener à des relations plus authentiques, plus conscientes et plus équilibrées, où l'amour est vécu dans sa forme la plus pure, libre de l'ombre du passé.

Chapitre 9 : Apprendre à se protéger émotionnellement après un ghosting

Après avoir vécu un ghosting, il est essentiel de réapprendre à se protéger émotionnellement. Si cette expérience t'a laissé une sensation de vulnérabilité et de confusion, tu n'es pas seul(e). Le ghosting peut briser la confiance et provoquer un sentiment de dévalorisation, mais avec le temps et une approche proactive, il est possible d'apprendre à se protéger émotionnellement sans se fermer aux autres. Cela nécessite une compréhension de soi, une connaissance de ses limites et la capacité à discerner les comportements qui ne méritent pas d'être tolérés.

1. Reconnaître ses propres vulnérabilités

La première étape pour se protéger émotionnellement après un ghosting est de reconnaître ses vulnérabilités. La douleur du ghosting peut faire naître une peur de l'abandon et du rejet qui te rend plus susceptible aux relations toxiques ou ambiguës. Cependant, ces vulnérabilités ne sont pas des faiblesses, mais des aspects de toi-même à protéger.

Prends un moment pour réfléchir à tes émotions et à tes besoins avant de t'engager dans une nouvelle relation. Qu'est-ce qui te fait te sentir en sécurité ?

Qu'est-ce qui te fait sentir respecté(e) et valorisé(e) ? Une fois que tu es conscient(e) de tes vulnérabilités, tu seras mieux équipé(e) pour identifier les comportements ou situations susceptibles de te faire souffrir à nouveau.

2. Établir des limites claires

Se protéger émotionnellement, c'est aussi apprendre à établir des limites claires. Après un ghosting, il est d'autant plus important de ne pas accepter des comportements qui te mettent mal à l'aise ou qui te laissent dans l'incertitude. Une relation saine se construit sur la transparence et le respect des besoins de l'autre. Si un partenaire potentiel ne respecte pas tes limites, cela peut être un signe qu'il ou elle n'est pas prêt(e) à s'engager de manière saine.

N'aie pas peur d'énoncer clairement ce que tu attends d'une relation dès le début. Cela peut inclure des attentes concernant la communication, l'engagement émotionnel, et la façon dont les conflits doivent être gérés. Les personnes qui respectent tes limites seront celles avec lesquelles tu pourras construire une relation solide et respectueuse.

3. Apprendre à dire non sans culpabilité

Un aspect crucial de la protection émotionnelle est d'apprendre à dire non sans culpabilité. Après un ghosting, tu peux être tenté(e) d'accepter des situations ou des relations qui ne te conviennent pas, simplement pour éviter de te retrouver seul(e) ou rejeté(e). Cependant, il est essentiel de te rappeler que dire non est un acte d'autosoin, et non une faiblesse.

Si tu sens qu'une relation ne te convient pas, qu'elle te fait douter de ta valeur ou te laisse dans un état d'incertitude constante, il est important de t'autoriser à t'éloigner. Dire non, c'est choisir de te préserver émotionnellement, et cela montre que tu respectes suffisamment ton propre bien-être pour refuser ce qui te nuit.

4. Prendre son temps pour s'engager

Après un ghosting, il est normal de vouloir aller vite et de se précipiter dans une nouvelle relation pour "effacer" la douleur. Mais pour se protéger émotionnellement, il est important de prendre son temps avant de s'engager profondément. Donne-toi la permission d'aller à ton rythme et de ne pas te sentir obligé(e) de répondre aux attentes de l'autre.

Prendre du temps permet de mieux connaître la personne, d'évaluer ses intentions et de voir si la relation est vraiment saine pour toi. Il est primordial de ne pas se précipiter dans des dynamiques qui peuvent rappeler celles du ghosting, où l'engagement est incertain et flou.

5. Utiliser l'intuition comme guide

Ton intuition peut être l'un de tes meilleurs alliés pour te protéger émotionnellement après un ghosting. Si quelque chose ne te semble pas juste, fais attention à ces signaux d'alerte. Parfois, la rationalité et le désir d'une relation peuvent nous amener à ignorer ces petites voix intérieures. Mais après un ghosting, il est important de prêter attention à ces ressentis et de les utiliser comme un guide pour prendre des décisions éclairées.

Si un comportement te semble suspect ou si quelqu'un t'intimide par des silences ou des jeux de pouvoir, fais confiance à ton instinct. Ne te laisse pas entraîner dans des situations qui te donnent un mauvais pressentiment.

6. Renforcer son réseau de soutien

Se protéger émotionnellement ne signifie pas s'isoler, mais plutôt renforcer les relations qui te soutiennent. Après un ghosting, il peut être utile de te rapprocher des amis, de la famille, ou même d'un thérapeute. Les relations de soutien jouent un rôle essentiel dans ta guérison. Elles t'offrent un espace sûr pour exprimer tes émotions et te rappeler que tu mérites des relations qui sont honnêtes et respectueuses.

N'hésite pas à t'entourer de personnes qui te comprennent et te respectent. Ce réseau de soutien peut également t'aider à mettre en perspective tes expériences passées et à renforcer ton estime de toi.

7. Éviter les comportements autodestructeurs

Après un ghosting, il peut être tentant de se perdre dans des comportements autodestructeurs pour combler le vide émotionnel laissé par l'autre. Cela peut inclure la recherche de relations superficielles, la dépendance affective ou l'auto-sabotage. Cependant, il est important de reconnaître ces comportements et de travailler activement à les éviter.

Le fait de se protéger émotionnellement implique de se concentrer sur ton propre épanouissement. Investis du temps et de l'énergie dans tes passions, tes projets personnels et ta croissance spirituelle. Ces activités renforcent ton indépendance émotionnelle et te permettent de guérir de manière saine, sans recourir à des stratégies qui risquent de te nuire à long terme.

8. L'auto-compassion pour surmonter les peurs

Enfin, la clé pour se protéger émotionnellement après un ghosting est l'auto-compassion.

Sois bienveillant(e) avec toi-même. Reconnaître que tu as été blessé(e) et t'autoriser à ressentir la douleur sans jugement est un acte de courage. Ne te blâme pas pour avoir été victime d'un ghosting. Il n'y a aucune honte à avoir été vulnérable, à avoir cru en une relation qui ne s'est pas concrétisée. Ce n'est pas un échec personnel, mais une leçon sur ce que tu mérites et ce que tu dois éviter.

L'auto-compassion permet de guérir en douceur, sans se condamner. Elle te donne la force de regarder les erreurs du passé comme des opportunités d'apprendre et de t'améliorer.

Se protéger émotionnellement après un ghosting est un processus continu. Il s'agit d'apprendre à reconnaître ses besoins, à poser des limites, et à créer des relations fondées sur le respect mutuel. Chaque étape de cette protection est une manière d'affirmer ta propre valeur et de t'assurer que, dans tes relations futures, tu ne perds jamais de vue ta propre intégrité. En te protégeant émotionnellement, tu te prépares à attirer des relations qui te respectent et te soutiennent, te permettant ainsi de grandir dans un environnement d'amour sain.

Chapitre 10 : Le rôle de la communication dans les relations après un ghosting

Après avoir vécu le silence brutal d'un ghosting, la communication devient un élément clé dans la construction de relations saines et durables. Dans une relation où l'autre t'a soudainement abandonné sans explication, la communication devient un outil essentiel pour rétablir la confiance, comprendre les intentions et éviter les malentendus. Pour naviguer sereinement dans une nouvelle relation après un ghosting, il est primordial d'apprendre à communiquer efficacement, avec clarté, honnêteté et respect.

1. La transparence dès le début

Lorsque tu entames une nouvelle relation après un ghosting, il est crucial de définir dès le départ l'importance de la transparence dans la communication. Un des enseignements les plus importants après avoir été victime de ghosting est de ne jamais laisser de place à l'ambiguïté. La transparence crée un environnement dans lequel les deux partenaires se sentent en sécurité pour exprimer leurs émotions, leurs attentes et leurs besoins.

Sois clair(e) sur ce que tu recherches dans la relation,

mais sois également prêt(e) à écouter l'autre. La transparence ne signifie pas seulement partager tes pensées, mais aussi poser des questions et chercher à comprendre les intentions de l'autre.

2. Exprimer ses attentes et ses besoins

Un des grands défis après un ghosting est de comprendre comment exprimer ses attentes et ses besoins sans se laisser envahir par la peur du rejet. La clé ici est de reconnaître que tes attentes sont valides, et que toute relation saine repose sur la communication de ces attentes dès le début.

Il est important d'être honnête sur ce que tu attends de la

relation, mais aussi d'être réceptif(ve) aux besoins de l'autre. Cela crée un terrain d'entente où les deux partenaires se respectent et s'efforcent d'établir des bases solides. Ne garde pas pour toi tes doutes ou tes préoccupations. Si tu es à l'aise avec cette personne, il est préférable de discuter ouvertement de tes attentes en matière de communication, de fréquence de contact et de niveau d'engagement.

3. La gestion des silences et des non-dits

Après un ghosting, la gestion des silences et des non-dits devient essentielle. Les silences prolongés peuvent raviver les peurs du rejet et de l'abandon, mais ils peuvent aussi être le signe que la communication dans la relation est défaillante. Apprendre à gérer ces silences est crucial pour éviter qu'ils ne deviennent une source de stress ou de confusion.

Si tu fais face à des silences prolongés, il est important de prendre du recul et d'évaluer la situation. Est-ce que l'autre personne te laisse dans l'ombre intentionnellement, ou est-ce simplement un malentendu ? Il est souvent utile de demander directement à la personne si quelque chose ne va pas. Si le silence persiste sans explication, cela peut être un signe qu'il est temps de réévaluer la relation.

4. La communication non violente

La communication non violente (CNV) est une méthode de communication qui favorise l'expression des émotions et des besoins sans jugement ni critique. Après un ghosting, où la personne a souvent disparu sans raison claire, la tentation peut être grande de réagir avec colère, frustration ou rancune. Cependant, pour rétablir une communication saine dans une nouvelle relation, il est essentiel de pratiquer la CNV.

La CNV repose sur quatre principes :

Observation : Décrire les faits sans jugement (par exemple, "J'ai remarqué que tu as cessé de répondre à mes messages.").

Sentiment : Exprimer comment cela nous fait sentir (par exemple, "Cela m'a fait me sentir ignoré(e) et rejeté(e).").

Besoin : Identifier le besoin non satisfait (par exemple, "J'ai besoin de sentir que je peux communiquer ouvertement et être entendu(e).").

Demande : Formuler une demande concrète (par exemple, "J'aimerais que nous ayons une conversation claire à propos de ce qui se passe.").

Pratiquer la CNV permet d'éviter les accusations ou les reproches qui pourraient nuire à la relation. Elle permet d'exprimer ses émotions tout en maintenant une approche respectueuse de l'autre.

5. Les conversations difficiles mais nécessaires

Les conversations difficiles sont inévitables dans toute relation, mais après un ghosting, elles deviennent encore plus cruciales. Ces discussions peuvent porter sur des sujets délicats comme les attentes émotionnelles, les peurs liées à l'abandon ou même des malentendus qui ont pu se produire. Éviter ces conversations pourrait entraîner de nouvelles frustrations, car le non-dit a tendance à s'accumuler et à affecter l'harmonie de la relation.

Pour avoir des conversations difficiles mais constructives, il est important de :

Choisir le bon moment et l'endroit pour aborder le sujet.

Utiliser des "je" plutôt que des "tu" pour éviter de sembler accuser l'autre (par exemple, "Je me suis senti(e) mal à l'aise quand tu n'as pas répondu à mes messages").

Être ouvert(e) à écouter l'autre, sans interrompre ni juger.

Ces conversations peuvent être difficiles, mais elles sont également une occasion d'approfondir la relation et de renforcer la confiance entre les deux partenaires.

6. Rechercher un équilibre entre autonomie et connexion

Dans une relation, surtout après un ghosting, il est essentiel de trouver un équilibre entre l'autonomie individuelle et la connexion avec l'autre. La communication ne doit pas devenir un moyen de contrôle, mais plutôt un outil pour mieux se comprendre et se respecter mutuellement.

L'autonomie émotionnelle est une force. Après un ghosting, il est important de se rappeler que ta valeur personnelle ne dépend pas de l'attention constante de l'autre. Un équilibre sain entre la communication et l'autonomie te permettra d'éviter les dépendances émotionnelles et de cultiver une relation épanouie et respectueuse.

7. La communication dans les moments de doute

Lorsque tu te sens perdu(e) ou incertain(e) dans une relation, il est crucial de communiquer tes doutes au lieu de les laisser grandir en silence. Les doutes peuvent concerner la direction de la relation, les sentiments partagés ou la loyauté de l'autre. Ne laisse pas les inquiétudes se transformer en suspicions ou angoisses non exprimées.

Exprimer tes doutes de manière honnête et non accusatoire ouvre la porte à une discussion constructive. Par exemple, au lieu de dire "Tu me mens, je le sais", tu peux dire "Je me sens incertain(e) à propos de certains aspects de notre relation, et j'aimerais en parler avec toi pour mieux comprendre où nous en sommes." Cette approche facilite la compréhension mutuelle et permet de trouver des solutions ensemble.

La communication est le pilier d'une relation saine et durable. Après un ghosting, elle devient un moyen de guérir, de restaurer la confiance et d'éviter de répéter les mêmes erreurs. En pratiquant une communication transparente, honnête et respectueuse, tu crées un espace où les deux partenaires peuvent se sentir en sécurité pour partager leurs émotions, leurs attentes et leurs besoins. C'est ainsi que tu peux bâtir une relation qui se distingue par la confiance, la compréhension et l'amour mutuel.

Chapitre 11 : Comment reconstruire la confiance après un ghosting

La confiance est l'un des éléments les plus précieux dans toute relation, et après un ghosting, elle peut être particulièrement difficile à restaurer. Le ghosting brise la confiance de manière brutale, laissant des blessures émotionnelles profondes. Cependant, la confiance peut se reconstruire, mais cela demande du temps, de la patience et une approche consciente. Reconstruire cette confiance, tant en soi qu'en l'autre, est un processus essentiel pour aller de l'avant dans les relations futures.

1. Accepter que la confiance a été brisée

La première étape pour reconstruire la confiance est d'accepter que celle-ci a été brisée. Après un ghosting, il est normal de se sentir trahi(e), confus(e) et incertain(e) quant à la sincérité des personnes autour de toi. Cependant, refuser de reconnaître cette rupture dans la confiance peut prolonger la douleur et rendre plus difficile la guérison.

Reconnaître cette douleur permet de l'authentifier, de la comprendre et de prendre les mesures nécessaires pour la surmonter. Il est important de ne pas minimiser ce que tu ressens. La confiance a été ébranlée, et cela doit être pris en compte pour avancer.

2. Reconstruire la confiance en soi

La confiance après un ghosting ne repose pas seulement sur la personne qui a disparu, mais aussi sur ta propre confiance en toi. Après avoir été abandonné(e) sans explication, il peut être facile de commencer à douter de ta valeur personnelle, de te remettre en question et de penser que tu n'es pas digne d'amour.

Pour reconstruire ta confiance en toi, il est crucial de te rappeler que le comportement de l'autre ne définit pas qui tu es. Tu es digne d'amour et de respect, peu importe ce que les autres ont fait. Prendre soin de toi-même, te concentrer sur tes forces et tes qualités, et te donner la permission de guérir sont des étapes importantes pour restaurer ta confiance en toi. Ce processus nécessite de la bienveillance envers toi-même et une remise en question constructive de tes croyances négatives.

3. Mettre des attentes réalistes

La reconstruction de la confiance nécessite de mettre des attentes réalistes. Il est normal de vouloir retrouver rapidement une relation de confiance avec une nouvelle personne, mais cela peut prendre du temps. Il est essentiel d'être patient(e) et de comprendre que la confiance se construit progressivement, et non instantanément.

Chaque interaction, chaque échange honnête et chaque acte de respect mutuel devient une brique qui solidifie la confiance. Plutôt que de forcer une confiance immédiate, accepte le fait que la confiance doit se construire lentement, à travers des actions cohérentes et des engagements sincères.

4. Prendre le temps nécessaire

La reconstruction de la confiance, surtout après un ghosting, n'est pas un processus qui peut être précipité. Il est important de se donner le temps de guérir et d'appréhender la relation avec plus de discernement. Lorsque tu entres dans une nouvelle relation après avoir été ghosté(e), il est crucial de ne pas précipiter les choses. Chaque nouvelle rencontre devrait être une occasion de tester lentement les limites, les attentes et les valeurs de l'autre personne, sans sauter immédiatement dans une dynamique de confiance totale.

Permettre à la confiance de se reconstruire lentement te permet d'éviter de te retrouver dans une situation similaire où tu es vulnérable à de nouvelles blessures.

<u>5. Éviter de projeter les blessures passées sur de nouvelles relations</u>

Après un ghosting, il peut être tentant de projeter tes peurs, tes doutes et tes blessures sur une nouvelle personne. Cependant, il est important de ne pas faire de généralités sur les autres basées sur une expérience négative passée. Chaque personne est différente, et chaque relation mérite d'être vécue sur la base de son propre mérite.

Lorsque tu rencontres quelqu'un de nouveau, prends le temps d'observer son comportement et son engagement. Sois ouvert(e) à lui donner une chance sans laisser ton passé interférer. Cela ne signifie pas ignorer les signaux d'alerte, mais plutôt de ne pas laisser un passé douloureux définir ta perception des autres.

6. Communiquer ouvertement pour dissiper les doutes

La communication est essentielle pour reconstruire la confiance. Après un ghosting, il est normal d'avoir des doutes ou des préoccupations, mais il est essentiel de les aborder directement. Si tu ressens le besoin de clarifications ou si tu te sens incertain(e) à propos de quelque chose, n'hésite pas à poser des questions et à exprimer tes inquiétudes de manière honnête.

Lors de cette phase de reconstruction de la confiance, il est important d'être ouvert(e) aux réponses de l'autre et de maintenir une communication claire et transparente. Ne garde pas tes doutes pour toi, mais aborde-les avec respect et compréhension.

7. Accepter les imperfections et les erreurs humaines

La confiance ne se construit pas sur la perfection, mais sur l'acceptation des imperfections et des erreurs humaines. Aucun être humain n'est à l'abri de faire des erreurs, et parfois, ces erreurs peuvent être liées à des comportements mal interprétés ou des incompréhensions. Apprendre à accepter que l'autre est capable de faire des erreurs tout en restant ouvert(e) à la réparation de ces erreurs est essentiel pour reconstruire la confiance.

Reconnaître que personne n'est parfait, et que chaque relation comporte des défis, te permet de bâtir une confiance plus réaliste et plus profonde. Cela implique aussi de savoir pardonner, lorsque la personne fait preuve de sincérité et d'effort pour réparer les dommages causés.

8. Respecter le temps nécessaire pour l'autre

Tout comme tu as besoin de temps pour reconstruire ta propre confiance, il est également important de respecter le temps nécessaire pour que l'autre personne gagne ta confiance. La patience est une vertu clé dans la reconstruction de la confiance. Si tu rencontres quelqu'un de nouveau, sois prêt(e) à lui donner de l'espace pour qu'il ou elle puisse prouver son intégrité et son engagement à bâtir une relation basée sur la confiance.

N'impose pas un besoin urgent de validation, mais permets à la relation de grandir et de se développer dans un cadre respectueux.

Reconstruire la confiance après un ghosting est un voyage de guérison. Il faut du temps, de l'honnêteté et de la patience, mais c'est un processus qui mène à des relations plus solides, plus authentiques et plus respectueuses. En renforçant ta confiance en toi, en pratiquant la transparence et en étant prêt(e) à accepter les imperfections humaines, tu te crées un environnement propice à des relations saines et épanouissantes.

Chapitre 12 : Comment éviter de répéter les mêmes erreurs après un ghosting

Le ghosting, en plus de briser la confiance, peut laisser des cicatrices émotionnelles qui te poussent à réévaluer tes comportements, tes attentes et tes choix relationnels. Après avoir vécu cette expérience douloureuse, il est naturel de se demander comment éviter de tomber dans les mêmes pièges à l'avenir. Cependant, cette période peut aussi devenir un moment d'introspection, où tu apprends à mieux te connaître et à poser des bases plus solides pour tes futures relations.

Éviter de répéter les mêmes erreurs après un ghosting ne signifie pas de tout changer dans ta façon d'être, mais plutôt de prendre conscience des dynamiques qui ont pu jouer un rôle dans le déroulement de l'histoire et d'y apporter des ajustements. Voici quelques clés pour avancer sereinement et en toute confiance dans une nouvelle relation.

1. Reconnaître les signes de red drapeaux tôt

L'un des moyens les plus efficaces d'éviter de répéter les mêmes erreurs est de devenir plus attentif(ve) aux signes avant-coureurs dès le début d'une relation. Parfois, le ghosting n'est pas un événement soudain, mais plutôt un processus graduel, avec des indices que tu peux reconnaître avant qu'il ne se produise. Ces "red flags" peuvent inclure des comportements incohérents, une communication sporadique ou des signes de désintérêt qui apparaissent au fur et à mesure.

Prendre le temps de reconnaître ces signes dès le début de la relation te permettra de prendre des décisions éclairées et de t'éloigner avant qu'une situation toxique ne s'installe. Ne te laisse pas berner par des excuses ou des promesses vides. Apprends à te fier à ton intuition et à tes observations.

2. Éviter de projeter tes attentes sur l'autre

Après avoir été ghosté, il peut être tentant de surcharger une nouvelle relation avec des attentes irréalistes, comme la crainte de revivre la même expérience. Ce type de projection peut nuire à la relation en y ajoutant une pression inutile. Il est essentiel de comprendre que chaque personne est différente, et qu'il ne faut pas supposer que l'autre agira de la même manière qu'un ex-partenaire.

Au lieu de projeter tes peurs sur l'autre, essaie d'observer la relation telle qu'elle est, sans la filtrer à travers le prisme de ta précédente expérience. Prendre le temps de comprendre réellement l'autre et ses intentions te permettra de bâtir une relation plus saine, sans les fantasmes ni les peurs liées au passé.

3. Être plus sélectif dans les relations

Un autre moyen de prévenir le ghosting à l'avenir est d'être plus sélectif(ve) dans les personnes avec qui tu choisis d'entrer en relation. Cela ne signifie pas de fermer la porte à toute nouvelle rencontre, mais plutôt d'être plus attentif(ve) aux qualités essentielles d'une personne avec qui tu souhaites t'investir.

Cherche quelqu'un qui partage des valeurs communes, qui respecte ton espace émotionnel et qui est prêt à communiquer de manière ouverte et honnête. Ne te précipite pas dans des relations sans avoir pris le temps de bien connaître l'autre, de comprendre ses intentions et de juger s'il ou elle est vraiment en phase avec tes aspirations.

4. Éviter les relations basées sur des besoins de validation

Après avoir été ghosté, il est facile de se laisser guider par un besoin de validation extérieure. Cela peut se traduire par une recherche de personnes qui comblent tes manques émotionnels sans tenir compte de la compatibilité véritable ou de la durabilité de la relation. Ce besoin de validation peut t'amener à accepter des comportements irrespectueux, simplement pour recevoir de l'attention.

Pour éviter cela, il est essentiel de cultiver l'amour de soi et de ne pas chercher à combler des vides émotionnels avec une personne qui ne te convient pas. Apprends à te sentir complet(e) par toi-même, à t'aimer tel(le) que tu es et à ne pas laisser les autres déterminer ta valeur.

5. Mettre en place des frontières saines

Les frontières personnelles sont essentielles pour maintenir des relations équilibrées et éviter de te retrouver dans des situations où tu risques de te faire ghoster ou de t'oublier dans la relation. Apprendre à établir des limites claires est fondamental pour préserver ton bien-être émotionnel.

Cela implique de définir tes besoins en termes de temps, d'espace et de communication, et de t'assurer que l'autre respecte ces limites. Les relations doivent être un échange mutuel, où les deux personnes se sentent respectées et comprises, sans pression ni sacrifice personnel. Ne compromets jamais tes valeurs pour plaire à l'autre.

6. Prendre le temps de guérir avant de recommencer

Après un ghosting, il est crucial de prendre le temps de guérir avant de replonger dans une nouvelle relation. Si tu ne prends pas ce temps pour comprendre ce qui s'est passé et pour guérir, il est probable que tu réagisses avec des peurs ou des doutes non résolus, ce qui pourrait affecter négativement la nouvelle dynamique.

Accorde-toi un espace pour faire un bilan, comprendre les leçons apprises et t'assurer que tu es prêt(e) à avancer de manière saine. Cela ne signifie pas que tu dois être parfait(e), mais qu'il est important d'être dans un état émotionnel stable avant de t'engager à nouveau.

7. Accepter que tout ne peut pas être contrôlé

Enfin, il est important de comprendre que, malgré tous tes

efforts pour éviter les erreurs passées, il y aura des aspects que tu ne pourras pas contrôler dans une relation. Le comportement d'une autre personne, ses actions ou son incapacité à communiquer ne dépendent pas de toi. Ce que tu peux contrôler, c'est ta réaction face à la situation.

Accepte que certaines choses échappent à ton contrôle et que tu ne peux pas forcer une relation à réussir si l'autre personne n'est pas prête à s'y engager. Concentre-toi sur ce que tu peux maîtriser : ton bien-être, tes choix et ta manière de t'investir dans la relation.

Après un ghosting, il est normal de vouloir éviter de répéter les mêmes erreurs. En devenant plus attentif(ve) à toi-même, à tes besoins et aux signes dans une relation, tu crées un environnement propice à des interactions plus sincères et respectueuses. Il s'agit d'un processus de guérison et d'apprentissage où tu deviens plus sage et plus fort(e) pour ne pas laisser le passé définir ton avenir.

Chapitre 13 : Se préparer à une relation saine après un ghosting

Vivre un ghosting peut laisser des cicatrices profondes, mais ces blessures ne doivent pas définir la manière dont tu aborderas tes futures relations. Au contraire, ce type d'expérience peut être un point de départ pour grandir, comprendre tes besoins et désirs, et te préparer à une relation plus saine et plus épanouissante. Se préparer à une nouvelle relation après un ghosting demande une démarche consciente de guérison, d'introspection et de maturation émotionnelle.

Il est essentiel de reconnaître que tu mérites une relation dans laquelle tu te sens aimé(e), respecté(e) et écouté(e). Ce chapitre te guidera à travers les étapes nécessaires pour te préparer à une relation saine, en prenant en compte les leçons du passé, tes priorités et tes besoins émotionnels.

1. Guérir avant de commencer une nouvelle relation

Avant de t'engager dans une nouvelle relation, il est crucial de prendre le temps de guérir complètement des blessures du ghosting. Tenter de combler le vide laissé par un partenaire qui t'a abandonné(e) à travers une autre relation pourrait aggraver la situation et t'empêcher de vivre une expérience saine. La guérison est une étape essentielle pour ne pas emporter avec toi de vieilles blessures émotionnelles.

Cela signifie prendre soin de toi-même, de tes émotions et de ton esprit. Cela peut inclure des activités comme la méditation, la thérapie, le journaling ou simplement passer du temps seul(e) pour te retrouver. La guérison te permet de mieux te comprendre, de connaître tes besoins et d'être prêt(e) à te donner à une relation sans chercher à combler un vide émotionnel, mais pour partager ton amour et ta vie.

2. Clarifier tes attentes et tes besoins

Avant d'entrer dans une nouvelle relation, il est essentiel de clarifier ce que tu attends réellement d'un partenaire. Après avoir été ghosté(e), il est normal de vouloir être sûr(e) que la personne qui t'intéresse est digne de confiance et prête à investir dans la relation de manière sincère. Prendre le temps de réfléchir à tes besoins, tes attentes et tes limites te permettra d'éviter des relations déséquilibrées.

Pose-toi des questions importantes : Qu'est-ce qui est essentiel pour toi dans une relation ? Quelles sont tes priorités ? Quels sont tes besoins émotionnels ? Clarifier ces aspects te permet de naviguer dans une relation avec une vision claire et de ne pas accepter des comportements qui ne respectent pas tes attentes.

3. Apprendre à communiquer efficacement

La communication est la clé pour bâtir une relation saine, et elle doit être claire, ouverte et honnête dès le début. Après avoir été ghosté(e), tu peux avoir peur de t'ouvrir ou de partager tes sentiments de peur d'être rejeté(e). Cependant, la communication est essentielle pour éviter des malentendus, des frustrations ou des silences qui pourraient mener à un nouveau ghosting.

Exprime tes attentes dès le début et sois transparent(e) sur ce que tu recherches. Encourage également ton partenaire potentiel à être ouvert(e) et honnête. Une relation saine se construit sur la transparence, l'écoute active et la compréhension mutuelle.

4. Éviter les comportements toxiques et les signes de manipulation

Après avoir été ghosté(e), tu pourrais avoir tendance à accepter des comportements que tu as tolérés par le passé, mais qui ne sont pas sains. Il est crucial d'être vigilant(e) et de reconnaître les signes de manipulation, de gaslighting ou de comportements toxiques dès qu'ils se manifestent.

Cela peut inclure des comportements comme le manque de respect de tes besoins, des manipulations émotionnelles ou des relations asymétriques où une seule personne porte le poids émotionnel. Apprends à dire non et à établir des limites fermes dès que tu repères ces signes. Ne laisse pas un partenaire te faire douter de ta propre valeur ou de tes attentes légitimes.

5. Renforcer la confiance en soi et l'estime personnelle

Se préparer à une relation saine commence aussi par renforcer la confiance en soi et l'estime personnelle. Le ghosting peut sérieusement affecter ton image de toi-même et t'amener à douter de ta valeur. Cependant, une relation saine commence par un respect profond de soi-même.

Prends soin de ton bien-être physique, émotionnel et mental. Engage-toi dans des activités qui te nourrissent, qui te rendent heureux(se) et qui t'aident à te sentir bien dans ta peau. Plus tu te respectes et t'apprécies, plus tu seras en mesure de reconnaître une relation qui mérite ton investissement.

6. Savoir reconnaître et exprimer tes besoins émotionnels

Dans une relation saine, il est crucial de savoir exprimer tes besoins émotionnels de manière claire et respectueuse. Cela implique d'être honnête avec toi-même sur ce que tu attends de ton partenaire et de ne pas avoir peur de dire ce que tu ressens.

Cela peut être aussi simple que de dire : "J'ai besoin de plus de communication dans cette relation" ou "Je me sens aimé(e) quand on passe du temps ensemble." Exprimer ces besoins avec douceur et clarté est un moyen d'établir des attentes réalistes et de créer un espace où ton partenaire se sent également libre de partager ses propres besoins.

7. Prendre les choses lentement et construire la relation progressivement

Après un ghosting, il est important de ne pas précipiter

les choses. Tu pourrais avoir l'impression de devoir "rattraper le temps perdu" ou d'avancer trop vite pour compenser le vide laissé par le ghosting, mais il est essentiel de prendre le temps de construire une relation à un rythme confortable et naturel.

Construire une relation progressivement te permet de connaître l'autre en profondeur, de t'assurer que vos attentes sont alignées et de voir si la dynamique fonctionne réellement. Cela te permet aussi de tester la sincérité et l'engagement de ton partenaire avant de t'engager pleinement.

8. Se préparer à accepter les hauts et les bas

Enfin, il est important de se préparer à accepter que chaque relation aura ses hauts et ses bas. Même dans une relation saine, il peut y avoir des défis à surmonter, des moments de doute ou des désaccords. Cependant, dans une relation équilibrée, ces défis seront abordés avec respect, écoute et une volonté de trouver des solutions ensemble.

Prépare-toi à comprendre que les difficultés font partie du processus. Ce qui compte, c'est la manière dont tu et ton partenaire gérez ces moments. Une relation saine repose sur la capacité de surmonter ensemble les obstacles, sans éviter les problèmes ni fuir les émotions difficiles.

Se préparer à une relation saine après un ghosting implique une profonde introspection, une guérison émotionnelle et un engagement envers soi-même et l'autre. Avec une vision claire, une communication ouverte et une conscience de tes besoins, tu seras prêt(e) à entrer dans une relation épanouissante, dans laquelle tu seras respecté(e), aimé(e) et soutenu(e).

Chapitre 14 : Les leçons apprises du ghosting : Ce que cela nous enseigne sur l'amour et les relations

Le ghosting, bien qu'il soit une expérience douloureuse et souvent déroutante, peut aussi être une occasion de tirer des leçons importantes sur les relations et l'amour. Au-delà de la tristesse et du sentiment d'abandon qu'il peut engendrer, cet événement nous force à réfléchir sur ce que nous attendons de nos partenaires, sur la manière dont nous gérons nos émotions et sur la façon dont nous abordons la vulnérabilité dans une relation.

Ce chapitre explore les leçons essentielles que nous pouvons apprendre du ghosting, les révélations que cette expérience nous apporte sur nous-mêmes et sur la nature des relations amoureuses. C'est une invitation à réévaluer nos comportements, à comprendre nos besoins et à évoluer en tant que personne.

1. L'importance de la communication dans une relation

L'une des principales leçons du ghosting est l'importance cruciale de la communication. Le fait qu'un partenaire puisse couper toute communication sans explication montre à quel point il est essentiel de maintenir des lignes de communication ouvertes dans une relation. Le ghosting révèle que les malentendus, l'absence de clarté sur les attentes ou même le manque d'honnêteté peuvent créer des fractures irréparables.

Dans une relation saine, la communication est la pierre angulaire. Elle permet d'éviter les silences qui alimentent la confusion et l'incertitude. Le ghosting nous rappelle que nous avons tous une responsabilité de parler de nos sentiments, de nos préoccupations et de nos besoins, tout en écoutant ceux de l'autre. Ne jamais laisser une situation non résolue grandir dans l'ombre est une manière de préserver une relation respectueuse et ouverte.

2. Le respect de soi-même et des autres

Le ghosting peut nous amener à nous remettre en question, mais il peut aussi être un catalyseur pour renforcer notre estime de soi. En effet, il nous pousse à comprendre que nous ne devons jamais accepter un manque de respect de la part d'un autre, quelle que soit la forme que cela prend. Accepter d'être ignoré ou abandonné sans explication est une violation de notre dignité personnelle.

Cette expérience nous enseigne qu'il est important de se respecter, d'avoir des frontières claires et de ne jamais s'oublier dans une relation. Le respect de soi est la première étape pour attirer un partenaire qui te respectera également. Il est essentiel de maintenir ton intégrité et ta valeur personnelle, indépendamment des actions ou des comportements d'autrui.

3. La vulnérabilité n'est pas une faiblesse

Le ghosting peut faire naître la peur de la vulnérabilité, car se laisser aller à l'ouverture émotionnelle peut sembler risqué après avoir été abandonné(e) ainsi. Cependant, cette expérience nous apprend que la vulnérabilité n'est pas une faiblesse, mais une force. Ce sont ces moments d'ouverture qui nous permettent de tisser des liens authentiques et profonds avec les autres.

Les relations solides se bâtissent sur la confiance mutuelle, ce qui ne peut exister sans un certain degré de vulnérabilité. Accepter de montrer tes émotions, d'exprimer tes peurs et tes désirs, même si cela peut sembler inconfortable, te permet de créer une connexion véritable avec les autres. Le ghosting nous montre que nous devons surmonter la peur de l'abandon pour embrasser cette vulnérabilité, tout en étant prudent(e) dans le choix de nos partenaires.

4. L'amour ne doit pas être basé sur des attentes irréalistes

Le ghosting nous met face à la réalité : l'amour ne peut pas reposer uniquement sur des attentes irréalistes ou des idéaux imposés. Lorsque nous avons des attentes trop élevées ou non fondées, nous risquons de créer une pression inutile sur la relation. Parfois, le ghosting se produit lorsqu'une personne ressent qu'elle n'est pas à la hauteur de ces attentes, ou qu'elle ne correspond pas à l'image que l'autre en a.

Apprendre à aimer sans conditions ni projections irréalistes est une leçon précieuse. L'amour véritable se construit sur la compréhension, la patience et l'acceptation des imperfections de chacun. Cela signifie aussi accepter que les relations ne sont pas parfaites et qu'elles nécessitent du travail, de la communication et de l'engagement de la part des deux partenaires.

5. Savoir quand laisser partir

Le ghosting peut aussi nous enseigner la nécessité de savoir quand laisser partir. Parfois, malgré tous nos efforts, une relation ne fonctionne pas. Le ghosting, bien qu'il soit douloureux, peut signaler qu'il est temps de passer à autre chose. Cela ne signifie pas que nous avons échoué, mais plutôt que l'autre personne n'était pas prête à s'investir dans la relation de manière saine.

Accepter de laisser partir sans chercher des réponses ou des justifications est un acte de guérison. Cela ne signifie pas que nous n'avons pas de valeur, mais plutôt que nous respectons suffisamment notre temps, notre énergie et notre cœur pour ne pas les gaspiller dans une relation qui ne nous nourrit pas. Le ghosting nous invite à comprendre que parfois, l'amour se trouve dans le lâcher-prise.

6. Les relations doivent être équilibrées et mutuelles

Le ghosting met en lumière un autre aspect important des relations : l'équilibre. Les relations saines sont basées sur un échange réciproque de confiance, d'engagement et de soutien. Lorsqu'une personne choisit de "disparaître" sans explication, cela montre que l'engagement n'était pas équilibré. L'amour et l'affection ne devraient pas être unilatéraux, mais nourris par les efforts des deux parties.

Apprendre que tu mérites une relation où tu es valorisé(e) et où tes besoins émotionnels sont entendus est crucial. Il ne s'agit pas de t'attendre à la perfection, mais de t'assurer que la relation respecte un principe d'équité et de réciprocité. Chaque partenaire doit être impliqué de manière consciente et volontaire.

7. Le temps de la guérison est indispensable

Le ghosting, bien que difficile à accepter, nous apprend aussi que le processus de guérison ne peut être précipité. Après une expérience aussi brutale, il est essentiel de prendre le temps de guérir. Chaque émotion doit être traitée, chaque blessure soignée, avant de se lancer dans une nouvelle relation. Le ghosting peut agiter des blessures profondes qui nécessitent du temps pour être guéries et acceptées.

Comprendre que la guérison n'est pas linéaire et que chacun avance à son propre rythme est essentiel. Parfois, la guérison nécessite de se retrouver seul(e), de prendre du recul et de se concentrer sur soi-même. En faisant cela, tu créeras un espace où tu seras prêt(e) à accueillir une relation future sur des bases solides et authentiques.

Le ghosting, aussi difficile et déroutant soit-il, offre des leçons précieuses qui peuvent transformer notre manière d'aborder l'amour et les relations. C'est une occasion de grandir, de mieux se comprendre et d'affiner ce que nous attendons de l'amour. En tirant ces leçons du passé, nous devenons plus conscients de nos besoins et de nos désirs, et surtout, nous apprenons à nous respecter nous-mêmes.

Chapitre 15 : Comment utiliser les expériences passées pour construire une relation de confiance durable

Les expériences passées, bien que parfois douloureuses, sont des enseignements précieux. Elles façonnent notre compréhension des relations, des émotions et de la confiance. Après avoir vécu un ghosting, il est normal que la confiance soit ébranlée. Cependant, plutôt que de laisser cette expérience négative définir ta vision de l'amour, tu peux choisir d'utiliser les leçons apprises pour construire une relation de confiance durable et épanouissante à l'avenir.

Dans ce chapitre, nous explorerons comment utiliser les expériences passées, notamment le ghosting, pour bâtir des bases solides pour une relation future. Cela implique de reconnaître les schémas, de guérir les blessures et de prendre des décisions conscientes pour créer une relation où la confiance, le respect et l'engagement sont au cœur.

1. Comprendre les schémas émotionnels passés

L'un des premiers pas pour utiliser les expériences passées de manière constructive est de comprendre les schémas émotionnels qui en découlent. Le ghosting, tout comme d'autres comportements blessants, peut engendrer des réactions émotionnelles qui se répètent dans d'autres relations. Ces schémas peuvent se manifester par des peurs irrationnelles, des attentes démesurées ou une tendance à éviter l'intimité par crainte du rejet.

Il est important de prendre du recul et d'analyser ces schémas. Par exemple, est-ce que tu te fermes dès qu'une relation devient sérieuse par peur d'être abandonné(e) à nouveau ? Ou, au contraire, est-ce que tu t'accroches à des relations toxiques, espérant qu'elles deviendront plus équilibrées avec le temps ? Identifier ces comportements est crucial pour briser le cycle et éviter de reproduire les mêmes erreurs.

2. Guérir les blessures émotionnelles du passé

Le ghosting peut laisser des cicatrices émotionnelles profondes, mais pour pouvoir avancer et établir une relation de confiance durable, il est nécessaire de guérir. La guérison n'est pas un processus immédiat ; elle nécessite du temps, de la patience et souvent du soutien extérieur.

La thérapie, le journaling, les discussions avec des amis de confiance et des moments de réflexion personnelle peuvent aider à traiter les émotions liées au ghosting. Il est aussi utile de pratiquer l'auto-compassion, de se pardonner d'avoir vécu cette expérience, et de se permettre d'aller de l'avant. Une fois guéris, ces sentiments négatifs n'auront plus de pouvoir sur toi et ne perturberont pas les nouvelles relations que tu choisiras de construire.

3. Établir des frontières saines

L'une des leçons les plus importantes du ghosting est l'importance des frontières dans une relation. Les frontières émotionnelles définissent ce que tu es prêt(e) à accepter et ce que tu n'es pas prêt(e) à tolérer. Après avoir été ghosté(e), il est crucial de t'assurer que tu établis des limites claires dès le début de toute nouvelle relation.

Les frontières saines permettent non seulement de protéger ton bien-être émotionnel, mais aussi de garantir que la relation est respectueuse et équilibrée. Cela inclut la communication ouverte, le respect des besoins et des désirs de chacun, ainsi que la gestion des attentes. Ne jamais compromettre tes valeurs personnelles ou tes besoins fondamentaux est un élément clé pour maintenir une relation saine et durable.

4. Pratiquer la confiance progressive

La confiance ne se construit pas du jour au lendemain, surtout après avoir été victime de ghosting. Cependant, elle peut être reconstruite progressivement. Pour établir une relation de confiance durable, il est essentiel d'être patient(e) et de permettre à la confiance de croître naturellement au fil du temps.

Cela implique d'observer le comportement de l'autre et de prêter attention à la manière dont il ou elle réagit dans différentes situations. L'honnêteté, la transparence et la constance sont des indicateurs précieux de la sincérité d'un partenaire. Ne force pas la confiance ; laisse-la se développer lentement, en fonction des actions de ton partenaire, et non simplement des paroles.

5. Communiquer ouvertement et honnêtement

Une communication ouverte et honnête est la clé pour bâtir une relation de confiance. Après avoir vécu le ghosting, il peut être difficile de s'ouvrir pleinement à quelqu'un, de peur de répéter la même expérience. Cependant, la communication est le seul moyen de dissiper les malentendus et d'assurer que les attentes sont claires.

Exprimer tes sentiments, tes besoins et tes inquiétudes dès le début d'une relation est essentiel. Cela inclut aussi d'écouter ton partenaire, d'être réceptif(ve) à ses besoins et de ne pas ignorer les signaux d'alarme. La transparence et l'ouverture émotionnelle sont des fondations solides sur lesquelles tu pourras construire une relation durable.

6. Ne pas projeter les blessures passées sur les nouvelles relations

Un autre piège dans lequel on peut tomber après un ghosting est de projeter les blessures du passé sur de nouvelles relations. Cela peut mener à des malentendus, des soupçons infondés ou des attentes irréalistes. Il est crucial de ne pas faire de comparaison directe entre une ancienne relation et la nouvelle. Chaque personne et chaque relation sont uniques.

Accorde à ton partenaire l'opportunité de se faire

connaître sans les filtres de tes anciennes blessures. Cela demande une grande conscience de soi et une volonté de ne pas laisser le passé interférer avec le présent. C'est ainsi que tu pourras créer une relation saine et authentique, sans que les erreurs passées ne pèsent sur elle.

7. Apprendre à pardonner et à laisser aller

Le pardon est une étape fondamentale dans le processus de guérison et dans la construction d'une relation de confiance. Pardonner ne signifie pas excuser le comportement du ghosting, mais c'est un acte de libération pour soi-même. Le pardon te permet de te détacher du poids émotionnel du passé et d'ouvrir la porte à de nouvelles opportunités de relation.

Il est également important d'accepter que, dans certaines situations, tu ne recevras pas d'explication ou de justification pour le ghosting. Apprendre à laisser partir cette attente et à ne pas se laisser emprisonner par des "pourquoi" sans réponse est un élément clé de la guérison. Le pardon est un cadeau que tu te fais, permettant à la confiance et à l'amour de s'épanouir à nouveau.

8. Construire une relation équilibrée basée sur l'engagement mutuel

Enfin, une relation durable et basée sur la confiance nécessite un engagement sincère et mutuel.

Les deux partenaires doivent être prêts à investir dans la relation, à y apporter du temps, de l'énergie et des efforts. Une relation équilibrée repose sur un échange de soutien, de compréhension et de respect.

Cela inclut aussi de savoir quand faire des compromis et quand tenir fermement à ses principes. Une relation de confiance est une relation où chaque personne se sent valorisée, écoutée et respectée, sans avoir peur de perdre son identité ou de sacrifier ses besoins fondamentaux.

Utiliser les expériences passées pour construire une relation de confiance durable nécessite une introspection profonde, de la patience et un engagement envers soi-même. En guérissant des blessures passées, en établissant des frontières saines et en cultivant une communication ouverte, tu peux créer une relation où la confiance se construit lentement mais sûrement, offrant une base solide pour un avenir amoureux épanouissant.

Chapitre 16 : Vivre une relation saine après un ghosting : Les signes à surveiller

Après avoir vécu le ghosting, il est naturel de se sentir hésitant(e) et vulnérable lorsqu'il s'agit d'entrer dans une nouvelle relation. Les cicatrices laissées par une expérience aussi douloureuse peuvent affecter ta manière d'aborder les nouvelles connexions. Cependant, une fois que tu as guéri et que tu te sens prêt(e) à ouvrir à nouveau ton cœur, il est important de reconnaître les signes d'une relation saine.

Ce chapitre a pour objectif de t'aider à identifier les signes d'une relation saine après avoir vécu un ghosting. Il te guidera sur les comportements et les attitudes qui favorisent la confiance, la communication et le respect mutuel, afin que tu puisses construire une relation épanouissante, sans répéter les erreurs du passé.

1. La communication est claire et constante

L'un des signes les plus évidents d'une relation saine est une communication ouverte et constante. Après avoir été ghosté(e), il est essentiel de veiller à ce que les lignes de communication soient toujours claires et accessibles. Une personne qui s'engage réellement dans une relation s'assurera que la communication est fluide, qu'il n'y a pas de non-dits et que les deux partenaires se sentent entendus.

Si ton partenaire prend le temps de t'écouter, répond à tes préoccupations de manière respectueuse et exprime aussi ses propres sentiments, tu es sur la bonne voie. La communication ne doit pas se limiter aux conversations superficielles, mais aussi inclure des discussions profondes sur les attentes, les désirs et les limites.

2. Les actions correspondent aux paroles

L'une des raisons du ghosting est souvent un écart entre les paroles et les actions. Dans une relation saine, il n'y a pas de telles contradictions. Si quelqu'un te dit qu'il t'aime, il ou elle doit aussi agir en conséquence. Cela signifie tenir ses promesses, être présent(e) quand c'est nécessaire et respecter tes besoins et tes attentes.

Lorsqu'une personne fait preuve de cohérence entre ce qu'elle dit et ce qu'elle fait, cela démontre qu'elle est sincère et engagée. Cela instaure un climat de confiance et de sécurité. Au contraire, si les actions ne correspondent pas aux paroles, cela peut être un signe que la relation manque de profondeur et de sincérité.

3. Respect mutuel des limites

Le respect des limites personnelles est un autre signe essentiel d'une relation saine. Après avoir vécu un ghosting, tu peux être particulièrement sensible aux violations de tes limites. Une personne respectueuse reconnaît tes frontières émotionnelles, physiques et psychologiques et veille à ne jamais les franchir sans ton consentement.

Dans une relation saine, les deux partenaires prennent soin de s'assurer que les besoins de chacun sont respectés. Cela inclut le respect de ton espace personnel, le droit de dire non, et l'engagement à ne pas te pousser à faire quelque chose avec lequel tu n'es pas à l'aise. Ce respect mutuel crée un environnement de confiance où il est possible de grandir ensemble.

4. Les conflits sont résolus de manière saine

Tous les couples rencontrent des conflits, mais ce qui différencie une relation saine, c'est la manière dont ces conflits sont gérés. Après un ghosting, tu pourrais être particulièrement sensible à l'évitement des conflits, mais une relation saine n'évite pas les désaccords ; elle les aborde de manière constructive.

Les conflits dans une relation saine sont résolus par des discussions respectueuses, où chaque personne peut exprimer ses opinions sans crainte de rejet ou de jugement. Il est important que les deux partenaires soient ouverts aux compromis et soient prêts à trouver des solutions ensemble. Si un conflit se termine toujours par un silence, de l'hostilité ou de l'évitement, cela peut indiquer que la relation manque d'engagement ou de maturité émotionnelle.

5. Les deux partenaires s'engagent activement

Un autre signe de santé dans une relation après le ghosting est l'engagement actif des deux partenaires. Une relation saine ne repose pas uniquement sur une personne ; elle doit être une collaboration, un partenariat où les deux personnes se soutiennent mutuellement.

Cela signifie que les deux partenaires font des efforts pour nourrir la relation, pour passer du temps ensemble, pour comprendre les besoins de l'autre et pour faire face aux défis ensemble. Si ton partenaire montre qu'il ou elle investit dans la relation tout autant que toi, tu peux être sûr(e) que la relation a des bases solides.

6. Tu te sens en sécurité émotionnellement

Après une expérience de ghosting, tu pourrais te retrouver à douter de toi-même ou à craindre de t'ouvrir à nouveau. Cependant, une relation saine te permet de te sentir en sécurité émotionnellement. Cela signifie que tu peux être vulnérable sans crainte d'être rejeté(e), ignoré(e) ou minimisé(e).

Dans une relation épanouissante, tu te sens accepté(e) pour qui tu es, avec tes qualités et tes imperfections. Tu n'as pas besoin de jouer un rôle ou de te cacher pour plaire à l'autre. La sécurité émotionnelle permet de bâtir la confiance et de créer une relation authentique, où il est possible d'être soi-même sans peur de la perte ou du jugement.

7. Le soutien est réciproque

Une relation saine se caractérise par un soutien mutuel, que ce soit dans les moments difficiles ou lors des moments heureux. Après avoir vécu le ghosting, il peut être difficile de croire que tu peux être soutenu(e) de manière inconditionnelle. Pourtant, une relation de qualité repose sur l'engagement de l'autre à être là pour toi, à te soutenir dans tes projets, tes ambitions et tes moments de vulnérabilité.

Cela signifie que ton partenaire doit être ton allié dans les moments difficiles et qu'il ou elle sera présent(e) pour t'encourager à poursuivre tes rêves, tout en étant à tes côtés lorsque tu traverses des épreuves. Le soutien réciproque crée une relation solide, où chacun des partenaires se sent valorisé et compris.

8. Il y a de la joie et de la légèreté

Enfin, une relation saine est aussi un lieu de joie, de rires et de légèreté. Après le ghosting, il est facile de tomber dans la méfiance et de laisser la peur prendre le dessus. Cependant, une relation épanouie doit aussi être remplie de moments heureux, de plaisanteries partagées et d'expériences agréables.

Si, malgré les défis, vous parvenez à trouver des moments de complicité et de joie, c'est un signe que la relation a des bases solides et positives. La capacité à rire ensemble, à apprécier les petites choses et à profiter de la compagnie de l'autre sans stress excessif est un indicateur d'une relation saine.

Après avoir vécu le ghosting, il est normal d'être vigilant(e) et de vouloir prendre soin de ton cœur. Cependant, il est important de garder à l'esprit que toutes les relations ne sont pas définies par cette expérience. Une relation saine, pleine de respect, de communication, de soutien et de plaisir, est non seulement possible, mais elle peut aussi être l'occasion de guérison et de renouveau.

Les signes mentionnés dans ce chapitre peuvent t'aider à identifier une relation solide, où tu te sens en sécurité, valorisé(e) et aimé(e). En faisant preuve de discernement et en priorisant ta propre santé émotionnelle, tu peux entrer dans des relations saines et durables, sans laisser le passé dicter tes choix futurs.

Chapitre 17 : Le chemin vers la paix intérieure après un ghosting : Se reconstruire et aller de l'avant

Le ghosting est une expérience profondément perturbante qui peut laisser des cicatrices émotionnelles difficiles à guérir. Il peut susciter des sentiments de rejet, d'incertitude et de doute sur soi, ce qui rend difficile la reconstruction après un tel traumatisme relationnel. Pourtant, il est possible de trouver la paix intérieure après avoir été ghosté(e) et de se reconstruire pour aller de l'avant.

Ce chapitre explore le chemin vers la guérison et la paix intérieure après un ghosting. Il s'agit de redonner du sens à ta vie, de guérir les blessures émotionnelles et de retrouver une relation saine avec toi-même. En te concentrant sur ton bien-être personnel et en intégrant des pratiques de guérison, tu peux retrouver la confiance et la sérénité.

1. Accepter la douleur et le rejet

Le processus de guérison commence par l'acceptation de la douleur. Se faire ghoster est un acte de rejet, qui peut laisser des traces profondes. Avant de pouvoir avancer, il est essentiel de reconnaître la douleur que tu ressens. Cela ne signifie pas se complaire dans la souffrance, mais plutôt accepter que cette expérience t'a affecté(e) et que tu as le droit de te sentir blessé(e).

Ne minimise pas tes émotions ou essaie de les étouffer. Prends le temps de vivre ton deuil, de pleurer si nécessaire, et de ressentir ce que tu ressens sans honte. L'acceptation de la douleur est la première étape pour la libérer et commencer à guérir.

2. Pratiquer l'auto-compassion

L'auto-compassion est essentielle pour se reconstruire après un ghosting. Souvent, après avoir été rejeté(e), on peut se critiquer ou se culpabiliser. Tu pourrais te demander si tu as fait quelque chose de mal ou si tu mérites d'être traité(e) ainsi. Cependant, il est crucial de ne pas tomber dans le piège de l'autocritique.

Au lieu de cela, traite-toi avec bienveillance et compassion. Parle-toi comme tu parlerais à un(e) ami(e) qui traverse une situation similaire : avec douceur, compréhension et encouragement. Reconnaître que tout le monde fait face à des difficultés relationnelles à un moment donné et que cela ne remet pas en cause ta valeur personnelle est un acte d'amour envers soi-même.

3. Prendre du temps pour soi

Après avoir été ghosté(e), il est important de se recentrer sur soi-même. Cela peut signifier prendre une pause des relations, te concentrer sur tes passions, ou simplement passer du temps seul(e) pour te ressourcer. Prendre soin de toi, à la fois physiquement et émotionnellement, est une étape cruciale pour la guérison.

Profite de ce temps pour redécouvrir ce qui te rend heureux(se), que ce soit en pratiquant des activités que tu apprécies, en te lançant dans des projets créatifs ou en te consacrant à des soins personnels. Ce temps de solitude t'offre l'espace nécessaire pour retrouver ta propre identité, loin des influences externes.

4. Comprendre que le ghosting n'est pas une réflexion de ta valeur personnelle

Le ghosting peut souvent être perçu comme un reflet négatif de soi, comme si tu n'étais pas digne d'attention ou d'amour. Cependant, il est important de se rappeler que le comportement de l'autre personne ne dit rien de ta valeur personnelle. Le ghosting est une réaction de quelqu'un qui fuit l'engagement, qui a ses propres problèmes ou qui ne sait pas comment gérer la situation.

Le rejet ne définit pas qui tu es ni ce que tu mérites dans une relation. Il est essentiel de te détacher de l'idée que ce qui s'est passé est de ta faute ou que cela reflète un manque chez toi. Cela peut être difficile à accepter, mais la guérison passe par cette prise de conscience.

5. Revoir les leçons et grandir de l'expérience

Chaque expérience, aussi douloureuse soit-elle, contient des leçons importantes. Après un ghosting, il est essentiel de prendre du recul et de réfléchir à ce que cette situation peut t'enseigner. Peut-être as-tu appris à mieux reconnaître les signes d'une relation toxique ou à établir des limites plus claires. Peut-être as-tu appris à mieux comprendre tes propres besoins et désirs dans une relation.

En tirant des leçons de cette expérience, tu peux transformer la douleur en force. Ces enseignements ne signifient pas que tu dois oublier ce qui s'est passé, mais plutôt que tu peux les utiliser pour grandir et devenir une personne plus forte et plus consciente dans tes futures relations.

6. Pratiquer la gratitude pour soi-même

La gratitude est un puissant outil de guérison. Bien que cela puisse sembler difficile après un ghosting, cultiver un sentiment de gratitude envers toi-même peut t'aider à retrouver la paix intérieure. Remercie-toi pour ta résilience, pour ta capacité à continuer à avancer, et pour ton courage de t'ouvrir à l'amour malgré la douleur que tu as vécue.

Chaque jour, prends un moment pour te concentrer sur les aspects positifs de ta vie, que ce soit ta santé, tes amitiés, tes réalisations ou même les petites choses que tu apprécies. Cette pratique de la gratitude t'aide à garder une perspective positive et à retrouver un sentiment de paix intérieure, même après une expérience difficile.

7. Redéfinir tes attentes en matière de relations

Une fois que tu as pris le temps de guérir et de comprendre ce qui s'est passé, il est important de redéfinir ce que tu attends d'une relation future. Le ghosting peut altérer ta perception des relations, mais il peut aussi t'offrir une chance de redéfinir ce que tu recherches et ce que tu es prêt(e) à accepter.

Clarifie tes valeurs, tes besoins et tes attentes. Demande-toi ce qui est non négociable pour toi dans une relation, que ce soit la communication, l'honnêteté, le respect ou l'engagement. Ces nouvelles attentes t'aideront à t'orienter vers des relations plus saines, basées sur la confiance et la réciprocité.

8. Laisser aller le passé et accueillir le futur avec espoir

Le dernier aspect du chemin vers la paix intérieure après un ghosting est d'apprendre à laisser aller le passé. Cela signifie accepter que ce qui s'est passé ne peut pas être changé, mais que l'avenir est encore plein de possibilités. Il est important de ne pas vivre dans l'ombre de cette expérience, mais d'aller de l'avant avec une vision claire et optimiste de l'avenir.

Cela ne veut pas dire oublier le passé ou ignorer la douleur, mais accepter que la vie continue, et que tu as le pouvoir de créer des relations saines et épanouissantes à l'avenir. Sois ouvert(e) aux opportunités, aux nouvelles rencontres, et au potentiel que la vie a à t'offrir. La paix intérieure naît de la capacité à aller de l'avant, à vivre dans le présent, et à accueillir l'amour et la sérénité avec un cœur ouvert.

Le chemin vers la paix intérieure après un ghosting est un voyage personnel qui demande du temps, de la patience et beaucoup de bienveillance envers soi-même. En te concentrant sur la guérison émotionnelle, la reconnaissance de ta valeur et la construction de nouvelles attentes saines, tu peux retrouver la confiance en toi et en l'amour.

Ce processus n'est pas linéaire, et il y aura des moments où tu ressentiras de la tristesse ou de la frustration. Mais avec chaque étape franchie, tu te rapprocheras de la paix intérieure et de la capacité de bâtir des relations plus solides et épanouissantes.

Chapitre 18 : Trouver l'amour après le ghosting : Une nouvelle approche des relations

Le ghosting, bien qu'extrêmement douloureux, peut également être une occasion de redéfinir ce que tu recherches dans une relation amoureuse. Après avoir été ghosté(e), il est normal de se sentir réticent(e) à ouvrir son cœur à nouveau. Cependant, une fois que tu as pris le temps de guérir, il est possible de trouver l'amour de manière plus consciente, saine et épanouissante.

Ce chapitre explore comment aborder l'amour après une expérience de ghosting. Il s'agit de revoir tes attentes, de réévaluer ce que tu veux vraiment dans une relation, et d'adopter une nouvelle approche pour créer des liens authentiques et durables.

1. Redéfinir l'amour selon tes valeurs

Après avoir été ghosté(e), il est essentiel de réévaluer ce que l'amour signifie pour toi. Cette expérience peut avoir chamboulé ta vision de l'amour, mais elle peut aussi t'offrir l'opportunité de redéfinir ce que tu cherches dans une relation. L'amour n'est pas simplement une connexion émotionnelle ou une attraction physique, il s'agit aussi de respect, d'honnêteté et de soutien mutuel.

Prends le temps de réfléchir à ce qui est vraiment important pour toi. Quels sont les aspects d'une relation qui te nourrissent et te font te sentir en sécurité ? Quelles sont les qualités que tu recherches chez un partenaire ? En redéfinissant l'amour à travers tes propres valeurs, tu seras mieux préparé(e) à identifier les relations qui te correspondent réellement, plutôt que de répéter les schémas du passé.

2. L'importance de la confiance en soi dans une nouvelle relation

Pour pouvoir accueillir l'amour sainement, il est essentiel de cultiver une confiance en toi solide. Après le ghosting, il peut être facile de douter de ta valeur et de ta capacité à entretenir une relation. Cependant, la confiance en soi est la clé pour établir une relation équilibrée, dans laquelle tu es prêt(e) à donner sans perdre ton intégrité.

Prends le temps de renforcer ta confiance en toi, non pas pour séduire quelqu'un, mais pour te sentir bien dans ta peau et prêt(e) à offrir de l'amour sans te sacrifier. Lorsque tu te sens bien avec toi-même, tu attires naturellement des personnes qui respectent ton espace et tes besoins, et tu évites de t'engager dans des relations toxiques ou unilatérales.

3. Les signes d'une relation saine : la communication ouverte et la transparence

Une des raisons pour lesquelles le ghosting se produit est souvent un manque de communication claire et honnête. Dans une nouvelle relation, la clé pour éviter de répéter les mêmes erreurs est d'instaurer dès le départ une communication ouverte et transparente. Ne laisse pas de place aux ambiguïtés ou aux comportements flous.

Sois honnête avec toi-même et avec l'autre personne. Exprime clairement tes attentes, tes désirs et tes limites. N'hésite pas à poser des questions pour mieux comprendre les intentions de l'autre. Une relation saine se construit sur des bases de transparence, où chacun des partenaires se sent libre d'exprimer ses pensées et ses émotions sans crainte de jugement ou de rejet.

4. L'authenticité avant tout : sois toi-même dès le début

Une erreur fréquente après avoir été ghosté(e) est de tenter de se conformer aux attentes de l'autre personne pour éviter une nouvelle blessure. Cependant, cela crée souvent une relation déséquilibrée, car tu risques de perdre ta véritable identité en cherchant à plaire à tout prix. L'authenticité est la clé d'une relation épanouissante.

Sois toi-même dès le début. N'essaie pas de changer pour correspondre à ce que l'autre attend de toi. Une relation saine repose sur la capacité de chacun à être authentique. Lorsque tu es toi-même, tu t'attires des personnes qui t'apprécient pour ce que tu es réellement, et cela crée une connexion plus profonde et plus sincère.

5. Ne pas accepter la répétition des mêmes schémas

Après avoir été ghosté(e), il est facile de tomber dans la tentation de rechercher à nouveau la même dynamique, même si elle est toxique. La peur de la solitude ou le désir d'être aimé(e) à tout prix peut conduire à accepter des comportements qui ne respectent pas tes besoins et tes limites. Il est crucial de ne pas répéter les mêmes erreurs.

Si tu rencontres quelqu'un dont les actions ou les attitudes te rappellent les comportements qui ont conduit au ghosting, n'aie pas peur de mettre fin à la relation avant qu'elle ne prenne une mauvaise tournure. Apprends à identifier les signes précurseurs de toxicité ou de désengagement, et ne te laisse pas séduire par des promesses vides. La peur de la solitude ne doit jamais être une raison pour rester dans une relation qui ne te nourrit pas.

6. Écouter ses instincts et prendre son temps

L'une des leçons les plus importantes après le ghosting est d'écouter tes instincts. Si quelque chose te semble étrange ou si tu te sens mal à l'aise dans une situation, prends un moment pour réfléchir à ce que tu ressens vraiment. Trop souvent, on ignore ses propres sentiments dans l'espoir de ne pas paraître exigeant(e) ou insécure. Cependant, tes instincts sont souvent la meilleure boussole pour évaluer une relation.

Prends ton temps avant de t'engager pleinement dans une nouvelle relation. Il est normal d'avoir des hésitations après avoir été ghosté(e), et prendre le temps de bien connaître la personne avant de te laisser emporter est une manière de préserver ta santé émotionnelle. La précipitation ne mène souvent qu'à des relations superficielles. Accorde-toi le temps de bâtir une véritable connexion.

7. Ne pas avoir peur de l'amour, mais être plus sélectif

Il peut être tentant de se fermer complètement à l'amour après avoir été ghosté(e), mais cela ne fait que prolonger la souffrance et empêcher la guérison. L'amour est une partie essentielle de l'existence humaine, et bien que les relations puissent parfois être difficiles, elles offrent aussi des expériences enrichissantes.

Ne laisse pas une mauvaise expérience dicter ta vision de l'amour. Au contraire, sois plus sélectif(ve) dans tes choix. Choisir de t'engager dans des relations avec des personnes qui partagent tes valeurs, qui respectent tes limites et qui sont prêtes à s'investir dans la relation est la clé pour trouver un amour épanouissant.

8. Rappelle-toi que l'amour ne doit pas être une souffrance

Enfin, il est important de se rappeler que l'amour ne doit pas être synonyme de souffrance.

Après avoir été ghosté(e), tu peux être tenté(e) de croire que l'amour doit toujours être difficile, que tu dois tout sacrifier ou accepter des comportements irrespectueux pour que ça fonctionne. Mais cela n'est pas vrai. Une relation saine et épanouissante doit apporter de la joie, du soutien et de la tranquillité d'esprit, sans te faire douter de ta valeur.

L'amour véritable ne consiste pas à se sacrifier ou à accepter des comportements inappropriés. Il s'agit de partager une connexion authentique, basée sur le respect mutuel, la communication et l'engagement. Si une relation te fait te sentir plus mal que bien, ce n'est pas l'amour que tu mérites.

Trouver l'amour après un ghosting nécessite du temps, de la patience et une volonté de se reconstruire. En adoptant une nouvelle approche des relations, plus consciente et plus alignée avec tes valeurs, tu peux créer des liens durables et épanouissants. L'amour ne doit pas être une source de douleur ou de confusion, mais un espace où tu te sens valorisé(e), respecté(e) et aimé(e) pour qui tu es réellement.

Chapitre 19 : Construire une relation durable après un ghosting : Les clés du succès

Le ghosting peut créer des cicatrices émotionnelles profondes qui, parfois, rendent difficile la construction d'une relation saine et durable par la suite. Cependant, une fois la guérison entamée, il est tout à fait possible de bâtir une relation solide, fondée sur des bases saines, honnêtes et respectueuses. Ce chapitre explore les clés pour réussir à construire une relation amoureuse durable après avoir vécu une expérience de ghosting.

1. Commencer par une communication claire et honnête

L'un des principaux problèmes dans les relations précédant le ghosting est souvent la communication. Après une expérience de ghosting, il est crucial de mettre en place une communication claire dès le début. Il est important d'être transparent sur tes intentions, tes attentes et tes désirs, tout en restant ouvert à l'écoute des besoins de l'autre. Cela crée une base solide, permettant à la relation de se développer sans malentendus ni faux espoirs.

Ne laisse pas place aux non-dits ou aux ambiguïtés. La transparence est la clé pour établir une confiance mutuelle. Si tu as des doutes ou des questions, sois honnête avec l'autre personne sans crainte de la repousser. Une bonne communication favorise une compréhension réciproque, ce qui réduit les risques de malentendus et de déceptions.

2. Réfléchir à ses besoins et attentes

Après le ghosting, il est important de prendre du recul et de réfléchir à ce que tu veux réellement dans une relation. Cette réflexion personnelle te permet de définir clairement tes besoins, ce qui est non négociable pour toi, et les attentes que tu as vis-à-vis de ton partenaire. Cela peut inclure des éléments comme la loyauté, la transparence, l'engagement émotionnel ou la compatibilité des valeurs.

Prendre le temps de comprendre ce que tu recherches te permet de ne pas te laisser entraîner dans une relation qui ne correspond pas à tes aspirations profondes. Savoir ce que tu veux t'aide à orienter tes choix amoureux vers des personnes qui partagent tes valeurs et qui sont prêtes à investir dans une relation saine.

3. Construire la confiance progressivement

Après avoir vécu le ghosting, il peut être difficile de faire confiance à nouveau, mais la confiance est essentielle pour toute relation durable. Contrairement aux relations où la confiance est rapidement donnée, dans une relation construite après un ghosting, la confiance doit se bâtir progressivement. C'est un processus qui demande du temps et de la patience.

Il est important de ne pas précipiter les choses et de laisser la relation se développer à son propre rythme. Sois attentif(ve) aux actions de ton partenaire, non seulement à ses paroles. Une personne digne de confiance respecte ses engagements, communique ouvertement et agit de manière cohérente avec ses paroles. N'aie pas peur d'observer et de prendre le temps nécessaire pour évaluer la sincérité de ton partenaire.

4. Éviter les comparaisons avec le passé

Il est normal, après avoir été ghosté(e), de comparer ta nouvelle relation avec l'expérience passée, surtout si elle a laissé des blessures. Cependant, il est crucial de ne pas faire de ces comparaisons un point de référence constant. Chaque relation est unique, et les erreurs du passé ne doivent pas te faire vivre dans la peur que cela se reproduise.

Apprends à traiter chaque nouvelle relation comme une entité distincte, sans apporter les bagages du passé. Si tu es constamment sur tes gardes, tu risques de ne pas profiter pleinement de la nouvelle dynamique. La clé réside dans le lâcher-prise et la volonté d'accueillir cette nouvelle relation avec un esprit ouvert, sans préjugés ni attentes irréalistes.

5. Fixer des limites claires et saines

La mise en place de limites est essentielle dans toute relation, mais encore plus après une expérience de ghosting. Fixer des limites claires permet de te protéger et de maintenir ton bien-être émotionnel. Cela inclut non seulement des limites physiques, mais aussi des limites émotionnelles et temporelles.

Les limites peuvent concerner le temps que tu es prêt(e) à investir dans une relation au début, la manière dont la communication doit se dérouler, ou encore ce que tu attends d'un partenaire en termes de respect et de soutien. En établissant dès le départ des limites saines, tu t'assures que la relation se développe sur des bases de respect mutuel, tout en protégeant ta propre stabilité émotionnelle.

6. Être prêt à faire des compromis

Construire une relation durable demande des efforts des deux côtés. Si le ghosting peut laisser un sentiment de désillusion, il est important de comprendre qu'aucune relation n'est parfaite et qu'elle nécessite des compromis. Ces compromis ne doivent cependant jamais t'amener à renoncer à tes valeurs ou à ta dignité.

Les compromis peuvent concerner des aspects tels que la gestion du temps, les priorités personnelles ou même des différences de personnalité. Il est important de trouver un équilibre entre les besoins de ton partenaire et les tiens. Un partenariat réussi repose sur l'équilibre et la capacité de faire des ajustements tout en maintenant une communication ouverte.

7. Cultiver un amour propre fort

Avant même de pouvoir donner de l'amour à quelqu'un d'autre, il est crucial de cultiver l'amour propre. Après avoir été ghosté(e), il est facile de se sentir diminué(e) ou de douter de sa propre valeur. Cependant, pour construire une relation saine et durable, tu dois d'abord être en paix avec toi-même. L'amour propre est la fondation sur laquelle toute relation solide est construite.

Prends soin de toi, travaille sur ta confiance en toi et rappelle-toi que tu mérites une relation saine, épanouissante et respectueuse. Lorsque tu t'aimes et que tu es à l'aise avec qui tu es, tu attires naturellement des partenaires qui te respecteront et te traiteront de la même manière.

8. Investir dans la relation avec patience et attention

Construire une relation durable après le ghosting demande un investissement personnel. Cela nécessite de l'attention, de la patience et un engagement sincère à faire grandir la relation. Cela implique de prendre le temps de connaître l'autre, d'apprécier ses qualités, mais aussi de comprendre ses défauts.

Prends soin de cette relation comme d'un jardin que tu souhaites voir fleurir. Il ne s'agit pas d'un processus immédiat, mais d'un chemin que vous empruntez ensemble, avec des moments de joie, des défis à surmonter et une évolution constante.

9. Accepter les imperfections et les moments difficiles

Aucune relation n'est exempt de défis. Après avoir été ghosté(e), il peut être facile d'attendre une relation parfaite, mais cela est irréaliste. Accepter les moments difficiles, les conflits et les imperfections dans la relation est essentiel pour qu'elle dure. Ce sont ces défis qui renforcent le lien entre deux personnes et leur permettent de grandir ensemble.

Ce chapitre se termine par une réflexion importante : ne cherche pas une relation parfaite, mais une relation où l'amour, la confiance et le respect prévalent. Une relation durable repose sur la capacité de deux personnes à surmonter les obstacles ensemble et à construire un avenir commun basé sur des principes solides.

Construire une relation durable après avoir vécu un ghosting n'est pas facile, mais c'est tout à fait possible. En adoptant une approche réfléchie et équilibrée, en posant des bases solides et en restant fidèle à soi-même, tu peux bâtir une relation qui te correspond véritablement et qui te permet de t'épanouir.

Chapitre 20 : Les pièges à éviter après le ghosting : Protéger ton cœur et ta paix intérieure

Après avoir vécu une expérience de ghosting, il est naturel de se sentir vulnérable et parfois même désorienté. Cette expérience peut laisser des cicatrices émotionnelles qui rendent difficile de reprendre confiance en soi et dans les relations amoureuses. Cependant, il est important de se protéger, non seulement de futurs comportements similaires, mais aussi de certains pièges qui peuvent nuire à ton bien-être émotionnel et à ta paix intérieure. Ce chapitre t'orientera sur les pièges à éviter pour préserver ton cœur et éviter de refaire les mêmes erreurs.

1. Ne pas se précipiter dans une nouvelle relation

Après avoir été ghosté(e), il est tentant de se lancer rapidement dans une nouvelle relation pour combler le vide émotionnel laissé par l'expérience passée. Cependant, cela peut te mettre dans une position vulnérable, car tu n'as pas encore pris le temps de guérir. Te précipiter dans une nouvelle histoire peut t'empêcher de te connaître à nouveau, de comprendre ce que tu veux réellement dans une relation et de t'assurer que tu es prêt(e) à t'engager de manière saine.

Avant de commencer une nouvelle relation, prends le temps de faire une pause et de guérir. Utilise cette période pour renforcer ta confiance en toi, te reconnecter à tes passions et réfléchir à tes attentes amoureuses. Une fois que tu t'es redéfini(e), tu seras plus à même de commencer une nouvelle relation sur des bases solides et équilibrées.

2. Ne pas ignorer ses émotions

Il est facile d'ignorer ses émotions après avoir vécu un ghosting, en se disant que « ça ira mieux avec le temps ». Cependant, réprimer ou ignorer ce que tu ressens peut te causer plus de souffrance à long terme. Il est important de reconnaître tes émotions, qu'elles soient la tristesse, la colère ou la déception, et de leur donner l'espace nécessaire pour être exprimées.

Prendre le temps d'affronter tes émotions te permet de les libérer et de ne pas les laisser s'accumuler. Que ce soit par l'écriture, la méditation, ou en parlant à un ami de confiance, il est essentiel d'exprimer ce que tu ressens pour guérir pleinement. Cela t'aidera non seulement à tourner la page, mais aussi à éviter de répéter les mêmes erreurs dans tes futures relations.

3. Ne pas se laisser guider par la peur de la solitude

La peur de la solitude peut parfois te pousser à accepter une relation qui n'est pas réellement ce que tu désires. Après une expérience de ghosting, tu peux ressentir un vide émotionnel que tu cherches à remplir à tout prix. Cependant, se lancer dans une relation juste pour ne pas être seul(e) peut te conduire à accepter des comportements toxiques ou à ignorer des signes de déséquilibre.

Il est essentiel de comprendre que la solitude n'est pas synonyme de malheur. Parfois, être seul(e) te permet de mieux te connaître, de te recentrer sur toi-même et de grandir.

Apprends à apprécier ta propre compagnie et à te sentir complet(e) sans dépendre d'une autre personne pour te valider. Une fois que tu te sens épanoui(e) seul(e), tu seras mieux préparé(e) à partager ta vie avec quelqu'un qui te respecte et t'apprécie pour ce que tu es.

4. Ne pas accepter des comportements flous ou ambigus

Le ghosting t'a probablement laissé un goût amer en raison de l'ambiguïté et de l'incertitude de la situation. Par conséquent, après cette expérience, il est crucial de ne plus tolérer ce genre de comportement dans une nouvelle relation. Si une personne est floue sur ses intentions ou ne montre pas de réelle volonté d'engagement, il est important de mettre les choses au clair rapidement.

Ne te laisse pas séduire par des paroles vagues ou des gestes peu clairs. Si quelqu'un ne te donne pas l'assurance d'une relation sincère et respectueuse, il est préférable de mettre fin à la situation avant qu'elle ne devienne plus complexe et douloureuse. Sois vigilant(e) aux signes avant-coureurs de comportement fuyant ou ambigu, et n'aie pas peur de t'éloigner si tu n'obtiens pas les réponses que tu attends.

5. Ne pas se laisser définir par le ghosting

Une des conséquences du ghosting est de remettre en question sa propre valeur et sa désirabilité. Après une telle expérience, il est facile de se dire que quelque chose ne va pas chez soi. Cependant, il est important de se rappeler que le ghosting est un comportement immature et irrespectueux de la part de l'autre, et non un reflet de ta valeur personnelle.

Ne laisse pas cette expérience te définir. Rappelle-toi que tu mérites le respect, l'honnêteté et l'engagement. Ce n'est pas toi qui as échoué, c'est la personne qui a choisi d'agir de manière égoïste. Ton amour propre ne doit pas être affecté par l'attitude des autres. Sois fier(e) de qui tu es et de la manière dont tu choisis de t'investir dans tes relations.

6. Ne pas rester accroché(e) aux attentes irréalistes

Après le ghosting, il peut être facile de se laisser emporter par des attentes irréalistes concernant les relations futures. Il est important de se rappeler que toutes les personnes ne vont pas te traiter de la même manière que la personne qui t'a ghosté(e). Garde un esprit ouvert, mais ne nourris pas d'attentes excessivement idéalisées.

Chaque relation est unique et doit être construite sur la base de la réalité, pas de projections fantaisistes. Prends chaque relation pour ce qu'elle est, et ne cherche pas à forcer des attentes qui ne sont pas partagées. Accepte que les relations prennent du temps pour se développer, et sois prêt(e) à travailler sur elles de manière constructive et patiente.

7. Ne pas rechercher des réponses dans le passé

Si tu n'as pas eu de réponses à ton ghosting, il est souvent tentant de chercher des réponses ou des explications pour comprendre pourquoi cela est arrivé. Cependant, cela peut te maintenir dans une boucle de frustration et d'incompréhension. Parfois, il n'y a pas de réponse claire, et il est préférable de lâcher prise pour avancer.

Rechercher des réponses auprès de quelqu'un qui ne t'a pas respecté(e) peut te faire perdre du temps et de l'énergie. La clé est de tourner la page, d'accepter que certains mystères resteront irrésolus, et de te concentrer sur ta propre évolution. Le passé est derrière toi, et l'avenir commence maintenant.

8. Ne pas te laisser envahir par le besoin de "prouver" ta valeur

Après avoir été ghosté(e), il peut y avoir cette tentation de prouver à l'autre personne, ou même à toi-même, que tu vaux mieux que ce traitement. Cependant, cette approche peut te mener à des comportements désespérés ou à une perte d'estime de soi. Il est important de comprendre que ta valeur n'a pas besoin d'être prouvée à qui que ce soit.

Ta valeur est inhérente à ce que tu es. N'aie pas besoin de validation externe pour te sentir légitime ou digne d'amour. Rappelle-toi que ceux qui t'apprécient réellement n'ont pas besoin que tu te "prouves", mais qu'ils t'aiment pour ce que tu es sans effort supplémentaire.

Conclusion : Se protéger tout en ouvrant son cœur

Après le ghosting, protéger ton cœur est une priorité. Mais cela ne signifie pas fermer la porte à l'amour. Au contraire, cela signifie être plus vigilant(e), plus conscient(e) de tes besoins et plus en phase avec toi-même avant d'entamer une nouvelle relation. Il est essentiel de protéger ta paix intérieure tout en restant ouvert(e) à des connexions authentiques et respectueuses. En évitant ces pièges, tu te donneras la chance de vivre des relations plus saines et plus épanouissantes.

Chapitre 21 : Se reconstruire après le ghosting : Une histoire de résilience et de renaissance

Le ghosting peut laisser des cicatrices profondes, non seulement sur le plan émotionnel, mais aussi sur la manière dont tu perçois les relations et la confiance. Cependant, bien que cette expérience soit douloureuse, elle peut aussi être une étape de transformation personnelle. Ce chapitre explore le processus de reconstruction après un ghosting, en mettant l'accent sur la résilience et la renaissance émotionnelle qui en découle.

1. Accepter la douleur et la souffrance

La première étape pour se reconstruire après un ghosting est d'accepter la douleur. Il n'est pas facile d'accepter qu'une relation à laquelle tu t'es investi(e) ait pris fin brutalement sans explication. Cela peut créer un sentiment de rejet et de confusion. Il est normal de ressentir cette souffrance. Plutôt que de la fuir ou de la minimiser, il est essentiel de l'accepter pour ce qu'elle est : une réaction humaine naturelle face à une expérience de rupture soudaine.

Accepter cette douleur sans honte te permettra de la vivre pleinement et de commencer à la guérir. C'est dans cette acceptation que tu trouveras la force de reconstruire. Ne te cache pas derrière le déni ou l'auto-jugement. Reconnaître ta douleur, c'est commencer le travail de guérison.

2. Comprendre que la souffrance fait partie du processus de guérison

Se reconstruire après un ghosting, c'est aussi comprendre que la souffrance n'est pas une fin en soi, mais une étape nécessaire pour guérir. Dans la culture moderne, on cherche souvent à éviter la souffrance à tout prix, mais elle fait partie intégrante de notre parcours de guérison. Chaque étape de douleur est une occasion de te connaître davantage, de renforcer ta résilience et de t'approcher un peu plus de la paix intérieure.

Ne sois pas pressé(e) de "passer à autre chose". La guérison prend du temps et suit son propre rythme. C'est dans ce processus de compréhension et d'acceptation que la souffrance se transforme en force. Sois patient(e) avec toi-même et donne-toi la permission de prendre tout le temps nécessaire pour guérir.

3. Reprendre confiance en soi

Le ghosting peut ébranler la confiance que tu avais en toi, te laissant te demander si tu as fait quelque chose de mal ou si tu mérites d'être traité(e) de cette manière. Cependant, il est crucial de se rappeler que le ghosting est un acte irresponsable et cruel, et qu'il n'a rien à voir avec ta valeur en tant que personne.

Pour reconstruire ta confiance en toi, commence par te rappeler toutes les qualités et les talents qui font de toi une personne unique et précieuse. Prends soin de toi, que ce soit par des activités que tu aimes, du sport, de la méditation ou des moments de détente. Ces petites actions quotidiennes t'aideront à te reconnecter à ta force intérieure et à retrouver ta confiance en toi.

La confiance en soi ne se reconstruit pas du jour au lendemain. C'est un processus continu, mais chaque pas, aussi petit soit-il, te rapproche de la paix intérieure et de la résilience.

4. Réévaluer ses priorités et ses attentes

Une fois la douleur passée, il est important de réévaluer ce que tu veux réellement dans tes relations futures. Après avoir été ghosté(e), il est possible que certaines de tes attentes aient changé, que ce soit en termes de communication, d'engagement ou de respect.

Prends le temps de réfléchir à tes priorités. Qu'est-ce qui est essentiel pour toi dans une relation ? Quelles sont tes valeurs non négociables ? Cela t'aidera à orienter tes relations futures vers celles qui sont en accord avec tes besoins authentiques. Il est important de ne pas se contenter de relations qui ne respectent pas tes limites ou tes attentes. Se reconstruire après le ghosting, c'est aussi réaffirmer ce que tu désires vraiment, sans compromis.

5. Libérer les blessures du passé

Se reconstruire après le ghosting, c'est aussi apprendre à se libérer des blessures du passé. Bien que ces expériences douloureuses fassent partie de ton histoire, elles ne doivent pas dicter ton avenir. Garde à l'esprit que ton passé ne définit pas ton futur. Chaque relation, même si elle se termine de manière brutale, est une leçon qui t'aide à évoluer.

Pour cela, il peut être utile de pratiquer le lâcher-prise. Cela peut inclure des exercices de visualisation, de méditation ou même l'écriture de lettres à toi-même, où tu exprimes tout ce que tu ressens. L'objectif est de libérer la colère, la tristesse et le ressentiment, afin de pouvoir avancer avec un cœur plus léger et plus ouvert.

Lâcher prise n'est pas facile, mais c'est une étape essentielle pour se libérer des poids émotionnels du passé et pour t'ouvrir à de nouvelles expériences plus saines et plus équilibrées.

6. Se concentrer sur l'autosoin et la croissance personnelle

Le processus de reconstruction après le ghosting est une occasion de te concentrer pleinement sur toi-même. Prendre soin de toi-même, non seulement physiquement, mais aussi émotionnellement et mentalement, est essentiel pour ton bien-être. Investir dans ton autosoin, que ce soit par des activités créatives, du sport, des voyages ou du temps passé avec des amis qui te soutiennent, t'aidera à restaurer ton équilibre intérieur.

La croissance personnelle passe aussi par l'apprentissage de nouvelles compétences, l'élargissement de tes horizons et la découverte de nouvelles passions. Ce temps que tu t'accordes pour grandir et te développer est une des clés pour te reconstruire après un ghosting. Ce travail sur toi-même te permettra de revenir à la vie amoureuse plus fort(e), plus sage et plus préparé(e) à construire des relations authentiques.

7. Ouvrir son cœur à de nouvelles connexions

Enfin, bien que la guérison après un ghosting soit cruciale, il est important de se rappeler qu'il est aussi possible d'ouvrir son cœur à de nouvelles connexions. Bien sûr, il faut du temps pour guérir, mais il ne faut pas se laisser piéger par la peur du rejet ou par des appréhensions excessives à l'idée de rencontrer quelqu'un de nouveau.

Cela ne signifie pas se précipiter dans une nouvelle relation, mais simplement être ouvert(e) à de nouvelles rencontres, à de nouvelles amitiés et à des opportunités de grandir avec d'autres personnes. Une fois que tu as trouvé un équilibre intérieur et que tu es prêt(e) à t'investir dans une relation saine, tu seras en mesure de construire quelque chose de solide et de beau.

8. Croire en la possibilité d'une renaissance

Se reconstruire après un ghosting est une histoire de renaissance. C'est une occasion de redéfinir qui tu es, de découvrir de nouvelles forces et de t'engager à vivre une vie amoureuse épanouie, basée sur le respect, la transparence et l'authenticité. Le ghosting, bien que douloureux, n'est pas la fin de ton histoire. C'est un point de départ vers une version plus forte de toi-même, une version qui comprend mieux ses besoins, ses désirs et sa propre valeur.

Conclusion : La résilience comme moteur de transformation

La reconstruction après un ghosting est un parcours de résilience, où chaque étape t'aide à grandir et à te redécouvrir. C'est un processus parfois lent, mais qui mène à une renaissance émotionnelle. En te concentrant sur ta guérison, en réévaluant tes priorités et en prenant soin de toi-même, tu t'ouvriras à de nouvelles possibilités, plus saines et plus épanouissantes. Crois en la beauté de cette transformation. L'amour et la paix intérieure que tu cherches sont à ta portée.

Chapitre 22 : Témoignages et histoires inspirantes : Se relever après un ghosting

Le ghosting peut sembler être une expérience isolée, mais il est important de se rappeler que beaucoup de personnes ont traversé cette épreuve. Ce chapitre rassemble des témoignages et des histoires inspirantes de ceux qui ont réussi à se relever après avoir été ghosté(e)s, en transformant cette douleur en force et en résilience. Ces récits montrent qu'il est possible de guérir, de se reconstruire et de trouver un chemin vers une vie amoureuse saine et épanouie.

1. Le témoignage de Marie : "Se reconstruire après le silence"

Marie, 32 ans, a vécu un ghosting après une relation de six mois avec un homme avec qui elle se sentait profondément connectée. Un jour, il a cessé de répondre à ses messages et ses appels, sans explication. Elle a d'abord été dévastée, pensant qu'il avait simplement perdu de l'intérêt pour elle. Après plusieurs semaines de recherche de réponses et de réflexion sur ce qui s'était passé, Marie a compris que cette expérience n'était pas le reflet de sa propre valeur.

"J'ai mis du temps à accepter ce qui m'était arrivé", raconte Marie. "Je me suis demandé ce que j'avais mal fait, mais au final, j'ai compris que son comportement n'avait rien à voir avec moi. C'était son choix, son manque de courage et de respect. Alors, j'ai décidé de ne plus me laisser définir par cette expérience."

Marie a utilisé ce moment difficile pour se recentrer sur elle-même. Elle a pris un an pour voyager, se concentrer sur sa carrière et se découvrir à nouveau. Aujourd'hui, elle se sent plus forte et plus confiante. "J'ai appris que la guérison vient avec le temps et qu'il faut s'autoriser à vivre sa propre histoire, indépendamment des autres."

2. L'histoire de Julien : "Ne pas laisser la peur dominer"

Julien, 28 ans, a vécu son propre épisode de ghosting après une rencontre intense avec une femme avec qui il avait une alchimie immédiate. Après plusieurs mois de messages réguliers et de rendez-vous, elle a disparu sans explication. Le manque de closure a été difficile à accepter pour Julien, mais il a choisi de ne pas se laisser dominer par la peur du rejet.

"Au début, je me suis dit que j'avais dû faire quelque chose de mal, mais au lieu de me laisser submerger par cette pensée, j'ai décidé de prendre du recul", explique Julien. "J'ai compris que je ne pouvais pas contrôler les actions des autres, mais je pouvais contrôler ma réaction. J'ai donc mis l'accent sur ma croissance personnelle, j'ai repris la course à pied, j'ai recommencé à lire des livres qui m'inspiraient et à prendre du temps pour moi."

Julien a pris cette épreuve comme un point de départ pour renforcer sa confiance en lui et ses aspirations personnelles. Aujourd'hui, il est dans une relation épanouie, plus confiant dans son choix de partenaire et avec une perspective beaucoup plus saine de l'amour. "Ce n'est pas la fin du monde. C'est juste une étape, et il faut savoir en sortir plus fort."

3. Le parcours de Sophie : "S'accepter avant d'accepter l'autre"

Sophie, 26 ans, a été ghostée après une relation amoureuse qui lui paraissait parfaite. Au bout de quelques mois, l'homme qu'elle fréquentait a cessé de lui donner des nouvelles, sans explication. Sophie a d'abord vécu cela comme un choc, mais elle a rapidement décidé de se concentrer sur elle-même pour ne pas se laisser engloutir par la souffrance.

"J'ai passé beaucoup de temps à me demander ce que j'avais fait de mal, mais un jour, j'ai réalisé que le problème ne venait pas de moi", raconte Sophie. "J'ai décidé de ne pas me laisser engloutir par le doute. J'ai pris du temps pour moi, pour m'aimer, pour comprendre mes propres besoins et désirs avant de chercher à les combler dans une relation."

Elle a commencé à pratiquer le yoga et à écrire pour explorer ses émotions. Sophie a également travaillé sur sa confiance en elle, apprenant à s'accepter telle qu'elle est, avant de pouvoir accepter quelqu'un d'autre dans sa vie. Aujourd'hui, elle est en couple avec un homme qui la respecte pleinement et l'aime pour ce qu'elle est.

"Se reconstruire après un ghosting, c'est avant tout apprendre à se connaître et à s'aimer soi-même. Une fois que j'ai compris cela, j'ai trouvé l'amour d'une manière plus authentique."

4. L'expérience de Marc : "Apprendre à ne pas être dépendant de l'autre"

Marc, 35 ans, a été ghosté après une histoire de plusieurs mois avec une femme qu'il pensait être la bonne. Leur relation avait bien commencé, mais tout a changé soudainement lorsqu'elle a cessé de répondre à ses messages et à ses appels. Marc a été profondément perturbé par son comportement, mais il a décidé de ne pas se laisser emporter par la dépendance émotionnelle.

"J'avais l'impression d'avoir perdu quelque chose de très précieux, mais j'ai vite compris que la dépendance émotionnelle que je ressentais était un piège", dit Marc. "J'ai décidé de travailler sur ma propre indépendance et sur mon bien-être. J'ai commencé à me concentrer sur ma carrière, à voir des amis et à m'investir dans des projets personnels."

Marc a appris à ne plus baser son bonheur sur l'attitude de quelqu'un d'autre. Il a compris que, même si l'amour est important, il ne doit pas être une source de dépendance ou de souffrance. "Aujourd'hui, je suis plus épanoui que jamais. J'ai appris que je pouvais être heureux seul, et qu'une relation saine ne doit jamais être fondée sur la peur de la solitude."

5. L'évolution de Claire : "L'amour peut attendre"

Claire, 29 ans, a vécu une relation qui a débuté sur des promesses de grand amour, mais qui a pris fin brusquement avec un ghosting de la part de son partenaire. Après un mois de silence complet de sa part, Claire a compris que l'amour ne devait pas être une course effrénée, mais un processus naturel.

"Je pensais que l'amour était une quête qui devait se réaliser rapidement, mais après avoir été ghostée, j'ai appris qu'il fallait laisser l'amour venir à soi au moment approprié", explique Claire. "J'ai pris cette expérience comme un enseignement : ne pas précipiter les choses, se concentrer sur sa propre vie et grandir avant de chercher à s'engager avec quelqu'un."

Aujourd'hui, Claire se concentre sur sa carrière, ses amis et ses passions. Elle ne se sent plus pressée de trouver l'amour, car elle sait qu'il viendra au moment où elle sera prête à l'accueillir dans un état d'équilibre et de sérénité.

"Le ghosting m'a appris la patience et à ne pas forcer les choses. L'amour vrai vient à son propre rythme, et j'ai confiance en ce processus."

Conclusion : L'espoir et la résilience à travers les témoignages

Ces histoires montrent qu'il est possible de se relever après un ghosting, de guérir et de renaître plus fort. La douleur peut sembler insurmontable au début, mais elle peut devenir un tremplin vers une vie plus épanouie, plus confiante et plus authentique. Si tu as vécu un ghosting, sache que tu n'es pas seul(e). Beaucoup d'autres ont traversé cette épreuve et ont trouvé des moyens de transformer cette douleur en force. La clé est la résilience, l'amour de soi et la conviction que l'avenir peut être plus lumineux.

Le ghosting est un phénomène complexe qui a plusieurs facettes. Il y a encore plusieurs aspects que nous n'avons pas complètement abordés, et qui pourraient enrichir ton livre. Voici quelques angles que tu pourrais explorer davantage :

1. <u>Les raisons derrière le ghosting :</u>

L'incapacité à communiquer ses émotions : Beaucoup de personnes qui pratiquent le ghosting peuvent être évitantes émotionnellement, ou ne pas savoir comment communiquer leurs sentiments. Cela pourrait inclure une peur de confrontation, un manque de maturité émotionnelle, ou encore la crainte de blesser l'autre.

Fuir les conflits : Certaines personnes préfèrent disparaître plutôt que d'affronter une situation difficile ou une conversation délicate. Le ghosting devient une forme d'évasion, même si elle est particulièrement nuisible pour la personne qui est laissée dans l'incertitude.

La recherche de la "perfection" : Le ghosting peut aussi être lié à l'idée de ne pas vouloir faire face à des relations imparfaites. Certaines personnes, lorsqu'elles rencontrent des difficultés ou ne ressentent pas une compatibilité totale, préfèrent disparaître plutôt que de continuer une relation "moins parfaite".

Les influences culturelles et sociales modernes : Dans une époque où les interactions virtuelles sont omniprésentes, et les relations souvent de plus en plus superficielles, le ghosting peut être une conséquence directe de ces nouvelles dynamiques sociales. Il est devenu plus facile de "disparaître" derrière un écran sans confrontation directe.

2. Les conséquences à long terme sur la personne qui subit le ghosting :

Doute de soi et perte de confiance : Le ghosting peut provoquer un profond doute de soi. La personne laissée sans nouvelles se remet en question, se demande ce qu'elle a fait de mal, ou si elle est "insuffisante". Cela peut altérer sa confiance en soi et même sa perception des autres.

Sentiment d'abandon ou de rejet profond : Le ghosting est une forme d'abandon sans explication, ce qui peut raviver des blessures d'enfance ou des peurs liées à l'abandon. Ce type de rejet peut créer un traumatisme durable, affectant les relations futures.

La difficulté de faire confiance à nouveau : Après avoir été ghosté(e), il peut être difficile de faire à nouveau confiance. La personne concernée peut devenir méfiante ou hypervigilante, cherchant des signes de ghosting potentiel dans toutes ses interactions futures, ce qui peut créer un cercle vicieux de peur et de protection émotionnelle.

3. Le ghosting dans les relations en ligne vs dans les relations réelles :

L'effet des rencontres en ligne : Le ghosting est beaucoup plus courant dans les relations qui commencent en ligne. Les plateformes de rencontres créent une atmosphère où les relations peuvent être superficielles, et les attentes sont parfois moins claires. Il est plus facile de disparaître lorsque les deux parties ne sont pas encore profondément connectées.

Le contraste avec les relations réelles : Les relations dans la vie réelle, où les personnes se rencontrent face à face, peuvent rendre le ghosting plus difficile à pratiquer, car il y a une pression sociale plus grande pour être transparent et respectueux. Cependant, le ghosting dans les relations réelles se produit aussi, souvent après un temps d'investigation où l'une des parties choisit d'échapper à la confrontation.

4. Les répercussions sur les relations futures :

Projections et peurs des répétitions : Après avoir vécu un ghosting, il peut être tentant de projeter cette peur de l'abandon sur des partenaires futurs. Cela peut mener à une anxiété relationnelle accrue, à des attentes irréalistes, ou à des comportements de protection excessive.

L'importance de la communication pour éviter les schémas de ghosting : Pour éviter de tomber dans des comportements de ghosting dans de futures relations, il est crucial d'apprendre à communiquer plus efficacement, à poser des limites saines, et à comprendre que l'honnêteté, même dans des situations difficiles, est toujours préférable à disparaître sans explication.

5. Les aspects légaux ou éthiques du ghosting :

Ghosting en milieu professionnel : Bien que le ghosting soit principalement associé aux relations amoureuses, il peut aussi se produire dans des contextes professionnels, comme lorsqu'un employeur ou un collègue disparaît sans avertissement. Ce genre de ghosting peut entraîner des conséquences juridiques, des malentendus ou même des problèmes de réputation dans certains secteurs.

Les responsabilités éthiques : Si le ghosting est perçu comme inacceptable dans les relations amoureuses, il l'est également dans certains domaines professionnels. Expliquer un départ ou une décision de façon claire et respectueuse est une norme éthique de base. Le fait de disparaître sans explication est souvent considéré comme un acte d'irresponsabilité.

6. Le rôle des réseaux sociaux dans le ghosting :

Ghosting numérique : Sur les réseaux sociaux, le ghosting peut avoir une forme différente. Par exemple, une personne peut encore être "en ligne" et visible, mais interagir de façon intermittente ou complètement inégale. Cela peut rendre la personne ghostée encore plus confuse, car elle voit que l'autre personne est active en ligne mais ne lui répond pas.

L'illusion de la proximité virtuelle : Les réseaux sociaux créent une illusion de proximité, ce qui peut rendre le ghosting encore plus déstabilisant. Dans un contexte où tout est plus instantané et "visible", le silence peut être perçu comme encore plus abrupt et douloureux.

7. Comment prévenir le ghosting dans ses propres comportements :

Honnêteté et clarté dès le départ : Une manière de prévenir le ghosting dans ses propres comportements est de s'engager à être transparent dès le début d'une relation. Si une personne ressent qu'une relation ne va pas dans la direction souhaitée, il est préférable de le dire plutôt que de couper toute communication sans explication.

Établir des attentes réalistes : Lorsque tu engages une relation, qu'elle soit amoureuse ou amicale, assure-toi que les attentes sont claires pour les deux parties. Cela permet d'éviter les malentendus et de réduire le risque de ghosting, car chaque personne sait à quoi s'attendre et peut réagir de manière plus mature.

Conclusion :

Il est évident qu'il y a encore de nombreuses dimensions du ghosting qui n'ont pas été couvertes. Ce phénomène, bien que blessant, offre des opportunités d'introspection, d'apprentissage et de guérison. Parler des raisons sous-jacentes, des conséquences, et des stratégies pour éviter ou guérir du ghosting permet d'enrichir la compréhension de ce phénomène et d'apporter des solutions concrètes pour mieux le gérer dans le futur.

Écrire ce livre sur le ghosting n'aurait pas été possible sans le soutien et la confiance de nombreuses personnes. Tout d'abord, je tiens à remercier toutes celles et ceux qui ont partagé leurs histoires personnelles avec moi. Vos témoignages ont enrichi ce travail et m'ont permis de mieux comprendre la profondeur et les nuances du ghosting, de ses impacts émotionnels à ses répercussions dans la vie quotidienne.

Un merci particulier à mes proches, qui ont été là, toujours présents, pour me soutenir dans ce projet, à chaque étape de sa réalisation. Votre patience, vos encouragements et vos conseils ont été essentiels.

Je remercie également les experts en psychologie, en relations humaines et en développement personnel qui m'ont guidé dans la compréhension des mécanismes émotionnels sous-jacents au ghosting, et qui m'ont permis d'aborder ce sujet avec sensibilité et respect.

Enfin, à vous, lecteur(trice), qui avez pris le temps de lire ces pages, j'espère que ce livre vous apportera des réponses, de la guérison et peut-être même un chemin vers la réconciliation avec vous-même après une expérience de ghosting. Mon objectif a toujours été de vous offrir une perspective authentique, tout en vous encourageant à vous relever et à avancer.

Merci à tous ceux qui, par leur ouverture, leur partage et leur présence, ont permis à ce livre de voir le jour.

Avec gratitude,